LITERANOVA

Herausgegeben von Helmut Flad

Unterrichtsmodelle mit Kopiervorlagen

Günter Grass

Im Krebsgang

Erarbeitet von
Herbert Fuchs und Dieter Seiffert

Cornelsen

Inhalt

Konzeption und Aufbau

Günter Grass, einer der großen deutschsprachigen Schriftsteller der letzten fünfzig Jahre, ist im Unterricht meist nur mit der Novelle *Katz und Maus* (1961) präsent – ein auffälliger Kontrast zu seinem umfangreichen Werk aus Romanen, Erzählungen, Dramen, Lyrik sowie literarischen und politischen Reden. Das vorliegende Heft will die Novelle *Im Krebsgang**, erschienen im Februar 2002, für die Schule zugänglich machen.
Im Mittelpunkt des Buches steht der Untergang des Flüchtlingsschiffes „Wilhelm Gustloff" in der Ostsee am 30. Januar 1945, bei dem Tausende von Menschen den Tod fanden. G. Grass macht aus diesem „unerhörten Ereignis" keinen „Titanic"-Roman. Er schreibt eine fiktive Geschichte, in der Elemente der historischen und der gegenwärtigen Wirklichkeit verarbeitet sind. Sie handelt von der Katastrophe und den frühen Jahren des Schiffes, von Tulla, der Mutter des Erzählers, und dessen Sohn Konny, schließlich auch vom Erzähler selbst und vom 30. Januar 1945, jenem „verdammten Datum", das Neonazis und Rechtsradikale immer wieder politisch instrumentalisieren.

Für den Deutschunterricht vor allem in der Oberstufe ist die Novelle *Im Krebsgang* aus vielerlei Gründen interessant:

1 Sie weist inhaltliche Elemente auf, die Schülerinnen und Schüler wohl ansprechen:
- Zunächst wird ein bisher von der Öffentlichkeit oft verdrängtes und vergessenes Ereignis von großer Tragik in den Blick gerückt: der Untergang der „Gustloff", die Schrecknisse der letzten Kriegsmonate und die Leiden der Deutschen bei Flucht und Vertreibung.
- Mit der nationalsozialistisch belasteten Vergangenheit des „Wilhelm Gustloff"-Schiffes wird ein Stück Zeitgeschichte der dreißiger Jahre vermittelt.
- Die Leserinnen und Leser der Novelle werden „Zeugen", wie antisemitisch eingestellte Neonazis und Rechtsradikale Ereignisse der Vergangenheit manipulieren und für ihre ideologischen Zwecke ausbeuten. Daraus ergibt sich die Frage nach dem Zusammenhang von Literatur und Politik bzw. Wirklichkeit überhaupt.

2 Wie *Katz und Maus* und die anderen epischen Werke von Günter Grass zeichnet sich auch *Im Krebsgang* durch eine komplexe Erzählstruktur aus. Die Elemente Ort, Zeit und Handlung sind vielfach ineinander verschachtelt, auch mischen sich ganz unterschiedliche Sprachebenen. Noch deutlicher als in anderen Prosatexten zeigt sich in dieser Novelle die wichtige Funktion des Rollenerzählers, ja der Erzählvorgang selbst wird hier zum Erzählgegenstand. Die Analyse der Struktur führt zugleich zu Einsichten sowohl in die Rezeption des Textes als auch in das Verhältnis zwischen Text und Autor.
Mehrere Kopiervorlagen thematisieren den Erzähler, die Handlungsstruktur, die Erzählweise und die Sprache Die Kopiervorlage „Fakten und Fiktion" beispielsweise macht deutlich, wie G. Grass in seiner Novelle historisches Material mit erfundenen Personen und Ereignissen zu einer fiktiven Handlung verbindet. Bei der Lektüre wird nachvollziehbar, wie der Autor Geschichte zu Geschichten verarbeitet und so Geschichtliches sinnlich erfahrbar macht.

3 Der Text regt dazu an, sich mit Themen wie Flucht und Vertreibung, Antisemitismus und Neonazismus sowie mit der Bedeutung des Internets für die rechte Szene auseinander zu setzen. Wenn die Schülerinnen und Schüler sich unter solchen Aspekten mit der Novelle beschäftigen, werden sie zugleich mit ihrer eigenen Wirklichkeit konfrontiert.
Die Kopiervorlagen 15 bis 18 tragen dem in besonderer Weise Rechnung. Dabei wird wiederholt die Frage angeschnitten, ob und inwieweit G. Grass mit dem *Krebsgang* – bewusst oder unbewusst – eine Diskussion über die Deutschen als Opfer des Zweiten Weltkriegs auslösen wollte. Die Antwort darauf wird sich aus der Novelle ergeben. Sie regt ferner zur Beschäftigung mit Problemen an, die über den Text hinausweisen, so z. B. mit der Idee der Errichtung eines Vertriebenendenkmals in Berlin oder der Rolle der Heimatvertriebenen in Europa nach dem Beitritt osteuropäischer Länder in die EU. Im Anhang finden sich Materialien als Anregungen für solche Diskussionen.

4 Günter Grass ist ein großer Erzähler und ein politischer Autor, der mit dem Schreiben aufklärerische Absichten verbindet. Die Novelle *Im Krebsgang* setzt eher eine distanzierte als identifikatorische Lesehaltung voraus; sie entspricht keineswegs dem Konzept von Literatur als Medium der Unterhaltung. Möglicherweise ist die Lektüre für die Schülerinnen und Schüler ungewohnt und auch anstrengend, denn sie verlangt ständig ein hohes Maß an Konzentration – oft mehr auf das Erzählen als auf den erzählten Vorgang.

5 Persönlichkeit und Werk des Nobelpreisträgers G. Grass haben das kulturelle Leben der Bundesrepublik Deutschland in vielfacher Weise geprägt. Zu dieser Erkenntnis kann die Beschäftigung mit der Novelle *Im Krebsgang* beitragen. Sie dürfte, ebenso wie *Katz und Maus*, neugierig machen auf den Erzähler sowie auf den Lyriker, bildenden Künstler und politischen „Einmischer" Günter Grass.

---

* Wir beziehen uns in diesem Heft auf Günter Grass: Im Krebsgang. München: dtv 2004.

30. Januar 1945

1945
Januar

Mo	Di	Mi	Do	Fr	Sa	So
1	2	3	4	5	6	7
8	9	10	11	12	13	14
15	16	17	18	19	20	21
22	23	24	25	26	27	28
29	30	31				

1. Die britische 14. Armee eröffnet eine Offensive in Nordburma.
2. US-Luftangriffe auf Formosa und Okinawa.
3. Die Japaner räumen den Hafen Arhyab in Burma.
6. Aufruf für ein Volksopfer zugunsten des Volkssturms.
8. US-Bombenangriffe auf Formosa und die Riukiu-Inseln.
8. Tito beansprucht für Jugoslawien Rijeka und Triest.
9. Alliierte Truppen landen auf Luzon.
9. Erzbischof Damaskinos wird griechischer Regent und General Plastiras Ministerpräsident.
12. Sowjetische Großoffensive gegen Deutschland.
13. US-Luftangriffe auf Saigon, Amoy und Hongkong.
15. Die Landverbindung zwischen Indien und China ist wieder hergestellt.
17. Die Rote Armee besetzt Warschau und Tschenstochau.
18. Die Rote Armee hat die schlesische Grenze erreicht.
20. 6 300 der 15 600 einberufenen kanadischen Soldaten, die nach Übersee geschickt werden sollen, desertieren.
21. Bedingungslose Kapitulation Ungarns; die provisorische Regierung des General Miklos von Dalnoki erklärt Deutschland den Krieg.
22. Insterburg, Allenstein und Deutsch-Eylau werden von den Sowjets besetzt.
24. Das Tannenbergdenkmal wird auf Hitlers Befehl gesprengt.
24. Reichsbahn stellt den Verkehr von D-und E-Zügen ein.
25. Als erste Zeitung in dem von den Alliierten eroberten deutschen Gebiet erscheinen die „Aachener Nachrichten".
26. Die deutschen Soldaten in Ostpreußen sind abgeschnitten.
29. Sowjetische Truppen dringen in Pommern ein.
31. Königsberg von sowjetischen Truppen eingeschlossen.

GESTORBEN:
10. Rudolf Borchardt (* 5. 10. 1863), deutscher Schriftsteller.
22. Else Lasker-Schüler (* 11. 2. 1869), deutsche Dichterin.

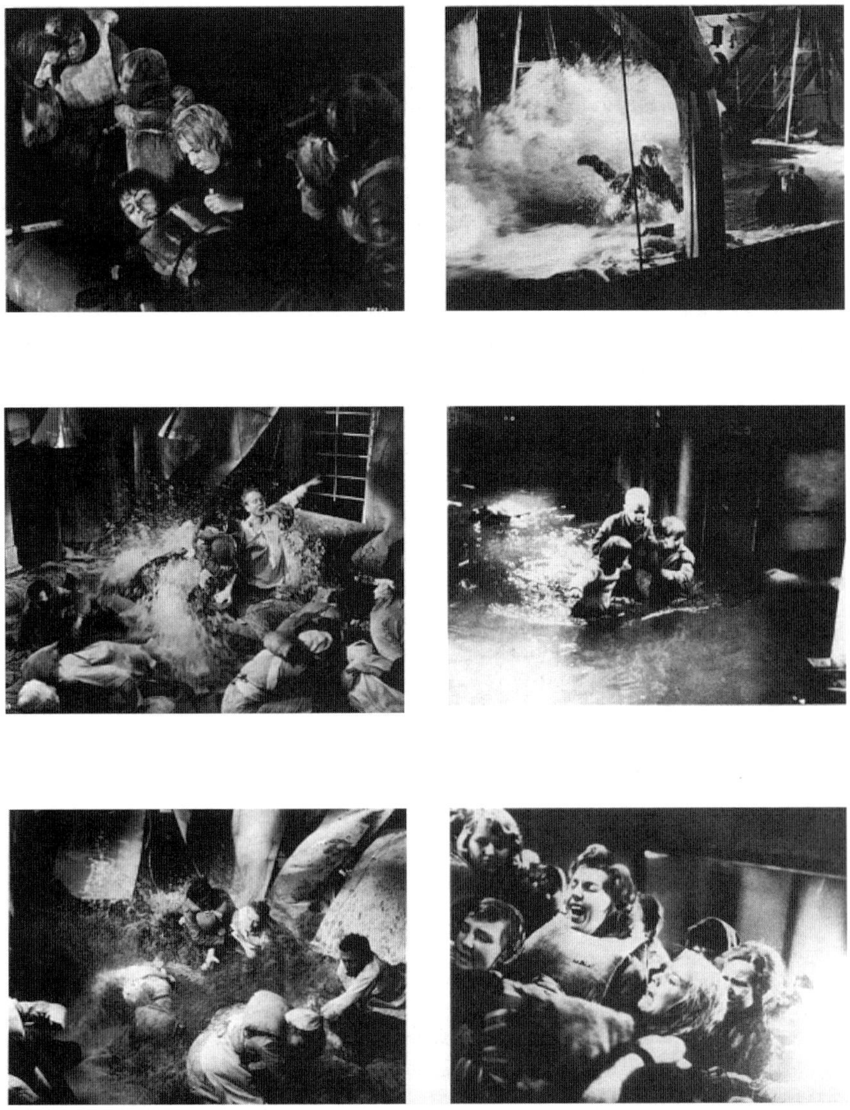

Deutsche Film-Hansa, Hamburg

Bildsequenz aus dem Film *Nacht fiel über Gotenhafen* (1959)
Regie: Frank Wisbar

1 Wählen Sie aus der Novelle Passagen aus, die zu den Fotos passen und sich zum Vorlesen eignen. Vergleichen Sie die Wirkung der Texte und der Fotos.

2 Schreiben Sie einen Text über eines der Fotos, das Sie beeindruckt.

3 Das Wochenmagazin DER SPIEGEL hat zum Erscheinungsdatum der Novelle im Februar 2002 auf der Titelseite mit dem Schlagwort „Die deutsche ‚Titanic'" auf die „verdrängte Tragödie des Flüchtlingsschiffes ‚Wilhelm Gustloff'" hingewiesen. Wo sehen Sie zwischen dem Untergang des Luxusdampfers „Titanic" (14./15. 4. 1912: über 1500 Opfer) und dem „Gustloff"-Unglück Parallelen, wo Unterschiede? Worin liegt Ihrer Ansicht nach die „Faszination", die von großen Schiffsunglücken ausgeht?

4 Die Zeitleiste „1945 Januar" soll Sie über Ereignisse eines der letzten Kriegsmonate informieren. Vervollständigen Sie mit Hilfe eines Geschichtsbuchs den Überblick über wichtige Kriegsereignisse in der Zeit zwischen Februar 1945 und dem 7. 5. 1945, dem Tag der bedingungslosen Kapitulation Deutschlands.

30. Januar 1945

Günter Grass' Novelle *Im Krebsgang* bietet Schülerinnen und Schülern der Oberstufe keinen einfachen Zugang. „Ein Buch, das Immersion bewusst zu verhindern sucht, irritiert insbesondere junge Leser. Eine Schülerin des Leistungskurses brachte ihre Schwierigkeiten mit dem Werk auf den Punkt [...]: ‚Das Buch ist so anstrengend, weil man nie richtig in die Geschichte reinkommt.'" (M. Hesse, A. Krommer: Vergangenheitsbewältigung „im Krebsgang". In: Praxis Deutsch, Heft 180, S. 46). *Im Krebsgang* erfordert eine bewusste, distanzierte Lesehaltung, die akzeptiert, dass „sich Grass so offensichtlich bemüht das emotionale Eintauchen des Lesers in die Geschichte zu verhindern." (a. a. O., S. 46) In den folgenden KV werden vielfältige Unterrichtsvorschläge zu einer kritischen Auseinandersetzung mit der Novelle gemacht, die zeigen, dass gerade in diesem nicht-identifikatorischen Lesen viele Möglichkeiten bei der Analyse der Novelle stecken. Für den „Einstieg" aber kann ein emotionaler Zugang über Fotos versucht werden. Die Aufgaben dazu sollen Fragen (z. B. Schiffskatastrophen, Flüchtlingselend) anschneiden, die später in der genaueren Arbeit am Text noch einmal aufgegriffen werden.

1 Auf die Bildsequenz bezieht sich der Erzähler in G. Grass' Novelle (z. B. S. 135). Aus den Seiten 130–148 können zu den einzelnen Bildern der Sequenz passende Sätze ausgewählt werden.
Die Kapitel 5 und 6 enthalten zahlreiche Passagen, die als Illustration der Abbildungen und als Schilderung des Leids der Flüchtlinge vorgelesen werden können. (z. B. S. 101 f., 107, 108, 113, 125 ff., 130). G. Grass' Sprache in ihrer rhythmischen Vorwärtsbewegung eignet sich hervorragend zum lauten Lesen. Die Schülerinnen und Schüler sollten das während der Unterrichtsreihe immer wieder erproben.

3 Der Erzähler Paul Pokriefke weist an mehreren Stellen der Novelle (z. B. S. 134, 157) auf den Untergang des Luxusdampfers „Titanic" hin.

Ähnlichkeiten	Unterschiede
vor allem die große Zahl der Toten bei beiden Unglücken; in der Novelle (S. 133 f.) wird berichtet, wie „auf unserer globalen Spielwiese", dem Chatroom auf Konnys Website, über die Zahlen von großen Schiffsuntergängen gestritten wird: „Doch über allem wetteifernden Zahlengechatte siegte am Ende die ‚Gustloff'."	vor allem die Umstände der Katastrophen: Die „Titanic" sank 1912 in Friedenszeiten aufgrund eines Zusammenstoßes mit einem Eisberg. Dagegen wurde die „Gustloff" gegen Ende eines bereits längst verlorenen Krieges von Marineskos U-Boot, das die „Gustloff" offensichtlich für ein Kriegsschiff hielt, versenkt.

Die „Faszination" solcher Schiffskatastrophen liegt wohl vor allem in ihrer „mythischen" Dimension:
- die große Zahl der Toten und die kaum vorstellbaren Tragödien beim Untergang selbst
- falsches Vertrauen in die Unbesiegbarkeit von Technik („Titanic")
- Hybris des Menschen/Mensch gegen Natur/Besiegbarkeit des Menschen durch die Natur („Titanic")
- Menschen, die schon alles verloren haben, retten sich mit letzter Kraft und mit „Glück" auf ein Schiff, das kurz darauf versenkt wird; eine tragische Dimension des Unglücks („Gustloff")

4 Die Zeitleiste soll für die Schülerinnen und Schüler von Anfang an das „unerhörte Ereignis", den 30. Januar 1945, aus dem sich die Novelle entfaltet, in den Leseblickpunkt rücken. Darüber hinaus lenkt die Auflistung die Aufmerksamkeit auf Ereignisse, die die „Gustloff"-Katastrophe in den Kontext weiterer Kriegsgeschehnisse in den Tagen vor dem Unglücksdatum stellen. Andere wichtige Daten und Ereignisse der letzten Kriegsmonate vor der Kapitulation Deutschlands können die Schülerinnen und Schüler ihren Geschichtsbüchern entnehmen.

Exemplarisch seien hier angeführt:
- 27. Januar 1945: Befreiung des Konzentrationslagers Auschwitz
- 13./14. Februar: Bombardierung Dresdens durch amerikanische und englische Flugzeuge
- 7. März: Amerikanische Truppen erreichen über die unzerstörte Brücke von Remagen den westlichen Teil Deutschlands.
- Mitte April: Amerikanische Truppen besetzen Magdeburg.
- 25. April: Berlin wird durch sowjetische Truppen eingeschlossen.
- 30. April: Selbstmord Hitlers im Bunker der Reichskanzlei

Strukturen der Novelle

Handlungskreise

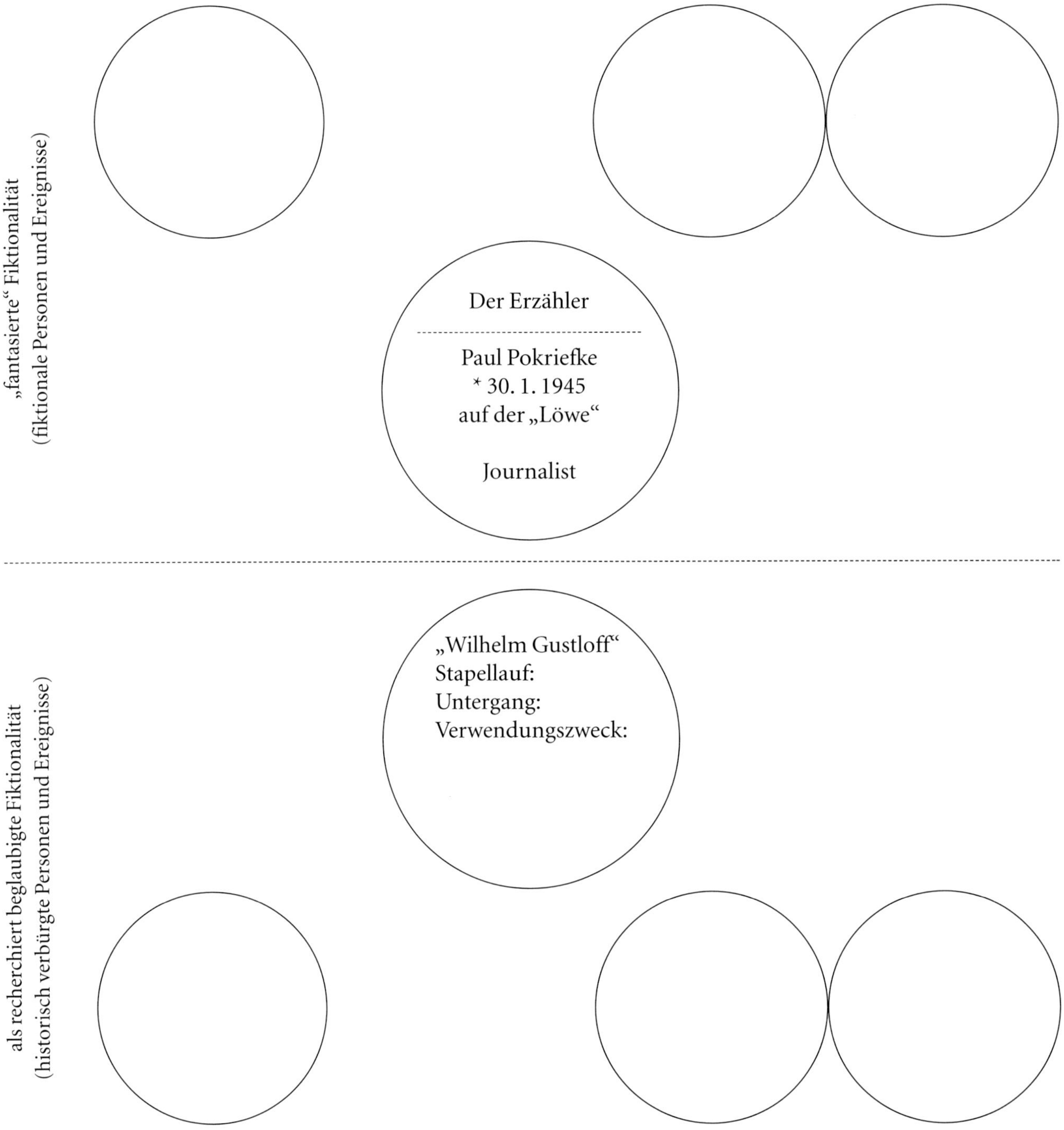

1 Um der Komplexität der Vorgänge gerecht zu werden, verknüpft G. Grass in seiner Novelle mehrere Handlungskreise, in deren Mittelpunkt einzelne Personen mit ihren jeweiligen Biografien und das Schiff „Wilhelm Gustloff“ mit seinem „Lebenslauf“ stehen. Machen Sie sich die Konstruktion der Novelle bewusst und ergänzen Sie die KV, indem Sie

a den Handlungskreisen Personen nebst deren Funktion, Geburtsjahr und Geburtsort – soweit möglich – zuordnen und

b die Beziehung, die zwischen ihnen besteht, mit einem Stichwort „auf den Punkt bringen“.

Nutzen Sie auch Ihr Heft, wenn Ihnen der Platz hier nicht ausreicht.

Beachten Sie die Unterscheidung zwischen Personen und Ereignissen, über die der Erzähler angeblich aufgrund einer Recherche Bescheid weiß (recherchierte Fiktionalität), und solchen, die er aufgrund von (oft erinnerten) Erlebnissen frei erfundener Romanfiguren erzählt („fantasierte“ Fiktionalität).

Strukturen der Novelle

Handlungskreise

Die Bearbeitung dieser KV erfordert eine große Detailkenntnis und zwingt zum genauen Lesen. Deshalb ist es sinnvoll, sie bereits vor Beginn der Lektüre auszugeben und mit den Schülerinnen und Schülern zu besprechen. Neben ihrer inhaltsbezogenen Funktion soll sie auch Einsichten in die Handlungsstruktur der Novelle vermitteln. Wie planvoll G. Grass seine Texte konstruiert, wird am sinnfälligsten in der spiegelbildlichen Entsprechung der Morde an Wilhelm Gustloff und Wolfgang Stremplin.
Von Beginn an sollen die Schülerinnen und Schüler zwischen historiografischer und belletristisch-fiktionaler Erzählweise unterscheiden und die Ereignisse dem jeweiligen Bereich der Grafik zuordnen. Die Begriffe „als recherchiert beglaubigte" und „‚fantasierte' Fiktionalität" können – nach Diskussion – auch durch andere ersetzt werden, z. B. durch „Nichtfiktion" und „Fiktion", durch „Fakten" und „Fiktion", durch „berichtete Ereignisse" und „erzählte Ereignisse".

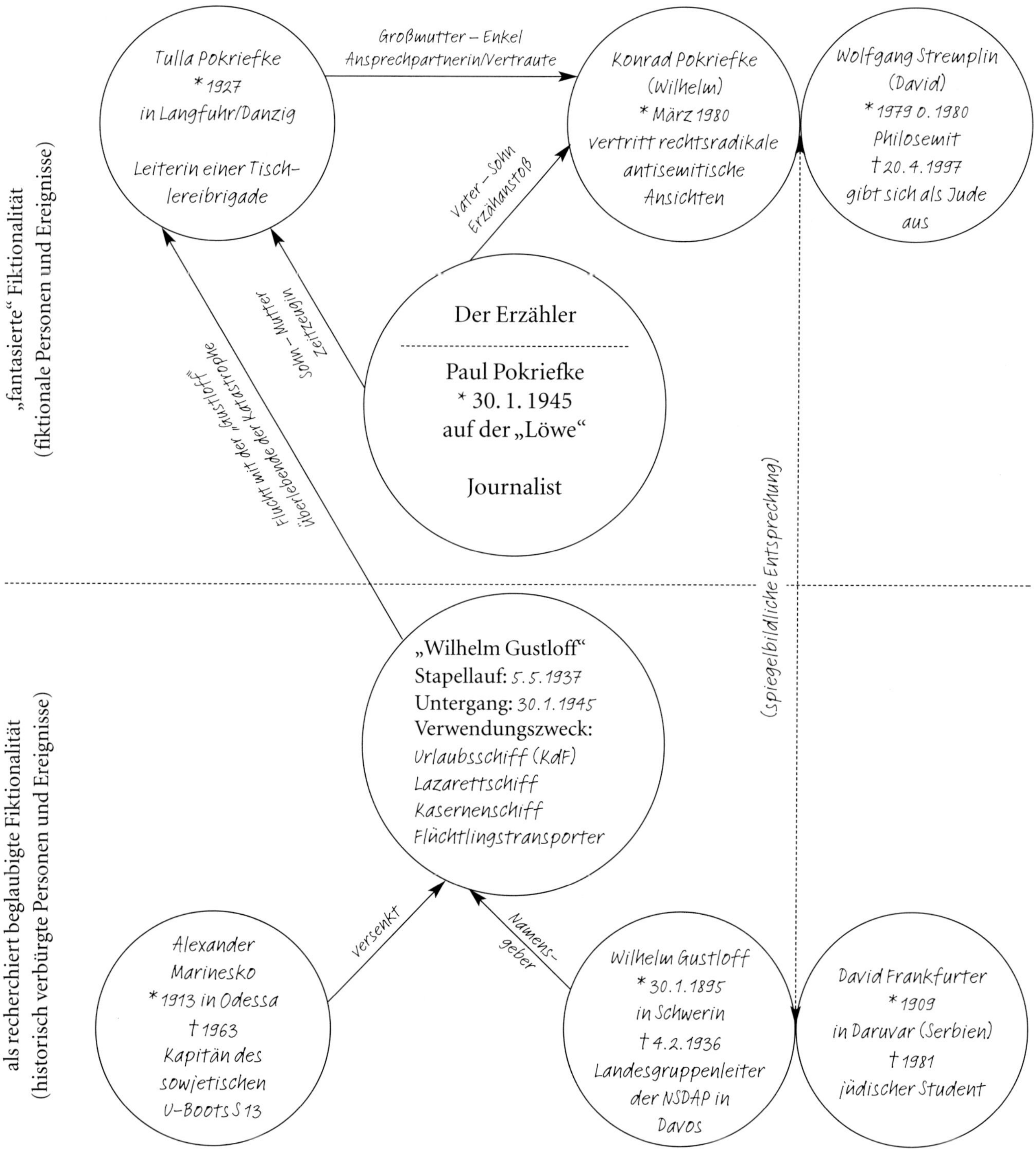

Strukturen der Novelle

Erzähler und Erzählperspektive

Der Autor Günter Grass	
Der Alte	
Paul Pokriefke	

1 G. Grass platziert zwischen sich, den Autor, und den Erzähler Paul Pokriefke eine weitere Figur: den Alten. Wählen Sie den Novellenanfang und ordnen Sie die Textpassagen den jeweiligen Erzählern zu. Wiederholen Sie an einem weiteren Beispiel – in der Regel finden Sie eines am Anfang der Kapitel – diesen Vorgang des Zuordnens.

2 Welche weiteren Bezeichnungen für die Figur des Alten, in denen sich seine Beziehung zum Rollenerzähler ausdrückt, finden sich in der Novelle? Notieren Sie in Stichworten:

3 Stellen Sie in einer einfachen Skizze dar, wie Sie das Verhältnis zwischen dem Autor, dem Alten und dem Rollenerzähler Paul Pokriefke sehen. Aus der Skizze sollten Über- und Unterordnung, Distanz und Nähe erkennbar werden.

4 Welche Möglichkeiten eröffnet die Figur des Alten dem Autor? Was bewirkt sie bei den Leserinnen und Lesern?

Bei der Analyse eines epischen Textes stellt sich die Frage, wer der Erzähler ist und in welcher Beziehung er zum Autor steht. G. Grass wählt mit Paul Pokriefke als Ich-Erzähler eine deutlich von ihm abgesetzte literarische Figur um aus deren Perspektive den Leserinnen und Lesern „seinen“ Stoff zu vermitteln.
Die Besonderheiten der Ich-Perspektive lassen sich leichter erkennen, wenn man sie im Vergleich zur auktorialen Erzählperspektive sieht. Bei dieser Spielart der Er-Erzählung scheint es so, als befinde sich der Erzähler in einer ähnlichen Position wie der Autor: Er ist allwissend und berichtet, da ihn die Ereignisse nicht direkt berühren, mit einer gewissen Distanz; er hat den Überblick, kann Stellung nehmen, indem er Geschehnisse oder Personen kommentiert, und mit der Vorausschau und mit Rückwendungen operieren – er steht über den Handlungen und Figuren.

5 Notieren Sie in Stichworten, was es bedeutet, wenn der Autor sich für eine Ich-Erzählung entscheidet, d. h., wenn alle Ereignisse aus dem Blickwinkel einer beteiligten Person, hier des Paul Pokriefke, erzählt werden.

Strukturen der Novelle

Erzähler und Erzählperspektive

Es geht bei diesem Thema um zweierlei: Zum einen können sich die Schülerinnen und Schüler Klarheit darüber verschaffen, welche Rolle der Alte und Paul Pokriefke in der Novelle spielen, und zum anderen sollen sie einschätzen können, was es für den Erzähl- und Leseprozess bedeutet, wenn die Novelle aus der Sicht einer beteiligten Figur erzählt wird.

1 Es ist verwirrend, dass G. Grass dem Rollenerzähler Paul Pokriefke eine weitere Person überordnet, die mehr weiß als der Ich-Erzähler, die ihn beeinflusst, gängelt und unter Druck setzt.

Der Autor G. G.	———
Der Alte	*Kap. 1, S. 7 („‚Warum erst jetzt?' sagte jemand, […]" – „Schon als junger Spund hätte ich, […] Neues vom Tage.")* *Kap. 6, S. 123 („Er sagt, mein Bericht habe das Zeug zur Novelle.")* *Kap. 9, S. 199 f. („Strikt hat er mir untersagt, […] Er sagt: ‚Niemand weiß, was er dachte. […] schneller zum Schluß.'")*
Paul Pokriefke	*Kap. 1, S. 7 („Weil Mutter mir […] auf meinen Beruf fest." – „Mag schon sein, sagte ich. Aber […]")* *Kap. 6, S. 123 („Eine literarische Einschätzung, die mich nicht kümmern kann. Ich berichte […]")* *Kap. 9, S. 199 f. („Eine Verbotstafel, die von Beginn an stand." – „Wie gut, daß er nicht ahnt, welche Gedanken […]")*

2 Beispiele: jemand („der nicht ich bin", S. 7, „der keine Ausreden mag", S. 7, „der in Mutters Alter ist", S. 151) – „mein einstiger Dozent" (S. 30) – „der Alte" (S. 31, 99, 100) – „mein Arbeitgeber" (S. 55, 136, 139) – „der Boß" (S. 176) – „er, in dessen Namen ich krebsend vorankam" (S. 216)

3 Die Namen signalisieren, dass das Verhältnis zwischen dem Alten und Paul Pokriefke hierarchisch angeordnet ist. Beiden übergeordnet ist der Autor Günter Grass. Nun ließe sich vermuten, G. Grass hätte sich selbst mit Hilfe der Figur des Alten eine Stimme gegeben, was wiederum dazu führen kann, beide gleichzusetzen. Natürlich ist der Alte der Stellvertreter des Autors. Viele seiner Kommentare könnten wörtlich aus Reden und Aufsätzen von Günter Grass stammen. Die Hinweise auf seine enge Verknüpfung mit der Stadt Danzig und auf den Roman *Hundejahre* zielen in die gleiche Richtung. Gleichzeitig aber ist er auch Teil der fiktiven Handlung, z. B. gibt er vor, er kenne Tulla, persönlich (S. 99), und es heißt: „nur ihretwegen mischt sich der Alte ein, gleichfalls gezwungen von ihr, […]" (S. 99).

4 G. Grass macht mit dieser Figur deutlich, dass eine Gleichsetzung von Autor und Erzähler nicht erlaubt ist; er verschafft sich so die Möglichkeit ganz persönliche Gedanken in die Novelle einzuführen und ihnen, da sie nicht von einer beteiligten Figur geäußert werden, besonderes Gewicht zu geben.

5 Als Erzählperspektive bezeichnet man den Blickwinkel, aus dem erzählt wird. Man unterscheidet drei Perspektiven:

Tafelbild

Ich-Erzähler — *Er-Erzähler*

Er-Erzähler → *auktorialer oder allwissender Erzähler* / *personaler Erzähler*

Bei der auktorialen Perspektive ist der Erzähler allwissend; er kann alles überschauen und besitzt die Fähigkeit und das Recht Ereignisse und Handlungen zu reflektieren und zu kommentieren.

Die personale Erzählperspektive gibt das wieder, was eine Person wahrnehmen kann; folglich ist sie begrenzt. Die Leserinnen und Leser können den Eindruck gewinnen, sie erlebten das Geschehen mit den Augen einer Romanfigur und nähmen direkt an ihm teil. Häufig dient diese Perspektive dazu, die Bewusstseinsströme einer Figur zu vermitteln.

Indem G. Grass mit Paul Pokriefke eine Person der Novelle als Perspektivfigur und Ich-Erzähler wählt, entscheidet er sich für eine begrenzte Perspektive. Paul Pokriefke ist Teil der Handlung, er muss sich selbst darstellen und in Szene setzen. Alles, was er berichtet, ist subjektiv gefärbt. Mit der Entscheidung für einen Ich-Erzähler erhöht der Autor einerseits die Glaubwürdigkeit und schafft prinzipiell ein Identifikationsangebot; andererseits relativiert er das Berichtete und erhebt nicht den Anspruch auf Verbindlichkeit und Gültigkeit.

Paul Pokriefke fungiert als Zeitzeuge und persönlich Betroffener. G. Grass hat seinen Erzähler so gewählt, dass der die ihm zugedachte Rolle durchaus glaubhaft verkörpern kann: Als Journalist besitzt er die Fähigkeit mündlich Überliefertes und selbst Erlebtes niederzuschreiben und er beherrscht dank seines Berufes das Handwerk des Recherchierens.

Strukturen der Novelle

Spiegelbildliche Erzählstruktur

David: „‚Ich habe geschossen, weil ich Jude bin.'“ (S. 28)

Wilhelm Gustloff: „‚Ich liebe auf der Welt am meisten meine Frau und meine Mutter. Wenn mein Führer mir befähle, sie zu töten, würde ich ihm gehorchen.'“ (S. 10)

Wolfgang Stremplin: „[...] soll David Stremplin ‚Als Jude fällt mir nur soviel dazu ein' gesagt und dann dreimal auf das vermooste Fundament gespuckt, also den Ort des Gedenkens, wie mein Sohn später aussagte, ‚entweiht' haben.“ (S. 174)

Konny: „‚Ich schoß aus Prinzip.'“ (S. 182)

Die Ereignisse des 4. Februar 1936 und des 20. April 1997 entsprechen sich spiegelbildlich – ein auffälliges Strukturmerkmal in der Novelle *Im Krebsgang*.

1 Stellen Sie die Beziehung David Frankfurters zu Wilhelm Gustloff und Wolfgang Stremplins zu Konny in Stichworten dar.

2 Welche Funktion hat die spiegelbildliche Entsprechung in der Novelle?
Überlegen Sie, welche erzählerischen Möglichkeiten sich damit für die Darstellung

a des „Wilhelm Gustloff“-Unglücks,

b des Problems des Rechtsradikalismus im heutigen Deutschland eröffnen.

3 Setzen Sie sich mit den folgenden Deutungsansätzen und Bewertungen aus Besprechungen der Novelle auseinander:

Er [G. Grass] führt die fruchtlose und heikle Dichotomie Antisemit/Philosemit ein und erklärt uns mit erhobenem Schreibfinger, dass beides verwerflich sei: Er lässt zunächst den Antisemiten Konny im Internet mit dem Philosemiten David, der sich als Jude ausgibt, immer heftiger virtuell in einer Art Hass-Freundschaft streiten. Dann verabreden sich beide am 20. April 1997 an dem Ort des zerstörten „Gustloff“-Denkmals und Konny erschießt schließlich David, in nachahmender Umkehrung des Attentats von Frankfurter auf Gustloff.

Frankfurter Rundschau v. 9. 2. 2002

Das Ende ist deprimierend, erzählt es doch von der unaufhaltsamen Wiederholung von Geschichte. Das Ende ist auch entmutigend, weil es den Dialog zwischen den Generationen für gescheitert erklärt. [...] Vor allem: Mit dem Ende ist es längst nicht zu Ende. So taucht ganz zum Schluss eine neue Website mit dem Namen „www.kameradschaft-konrad-pokriefke.de“ auf. Die letzten Sätze klingen erschreckend spärlich: „Das hört nicht auf. Nie hört das auf.“

Rheinische Post v. 5. 2. 2002

Was Grass da zwar nicht ausspricht, aber überdeutlich suggeriert, das ist die These, dass die Wunden und Verletzungen, welche Flucht und Vertreibung geschlagen haben, so tief und schmerzhaft sind, dass sie sich vererbt haben bis in die zweite und dritte Generation. Und dass, was die Söhne verdrängt haben, in den Enkeln umso schlimmer wiederkehrt, [...].

Frankfurter Allgemeine Sonntagszeitung v. 10. 2. 2002

Strukturen der Novelle

Spiegelbildliche Erzählstruktur

Die innere Geschlossenheit der Novelle *Im Krebsgang* wird durch mehrere erzähltechnische und inhaltliche Elemente erreicht:

- durch das „unerhörte Ereignis" des Schiffsuntergangs der „Wilhelm Gustloff" am 30. Januar 1945, aus dem sich alles, was über Tulla, Paul Pokriefke, Konny und die anderen Figuren erzählt wird, entfaltet und auf das alles, was in der Vorgeschichte berichtet wird, hinführt;
- durch die Erzählhaltung Paul Pokriefkes, der zunächst, gedrängt durch den „Alten", eher widerwillig und unlustig über das „Gustloff"-Unglück berichtet, dann aber, als er die Brisanz der Website „blutzeuge.de" erkennt und sich mit Konnys rechtsradikalen Ansichten zur „Gustloff"-Katastrophe auseinander setzen muss, zunehmend engagierter die (Familien-) Geschichte im Zusammenhang mit dem 30. Januar 1945 recherchiert und niederschreibt;
- durch die spiegelbildliche Darstellung zweier wichtiger Ereignisse, der des 4. Februar 1936 und des 20. April 1997, die – zeitlich zwar weit auseinander liegend, inhaltlich aber eng verknüpft – um den 30. Januar 1945 wie um eine Achse rotieren.

1 Tafelbild

David Frankfurter (geb. 1909 in der serbischen Stadt Darnvar als Sohn eines Rabbiners)
spürte immer wieder den Hass gegen die Juden,
floh schließlich in die Schweiz, psychisch labil,
verzweifelt über die Verfolgung der Juden durch Nazideutschland

Wilhelm Gustloff (geb. 1895 in Schwerin)
angegriffene Gesundheit
Angestellter einer Schweriner Lebensversicherung in der Schweiz um dort seine Leiden auszukurieren
tritt als „angeborenes Organisationstalent" in die NSDAP ein,
organisiert Ortsgruppen in der Schweiz, wirbt Tausende von Mitgliedern

Wolfgang Stremplin (nennt sich David)
Sonderling
Sühnegedanken wegen der Verbrechen an den Juden
das „Jüdische [war ihm] irgendwie heilig"

„Feindfreunde" (S. 134)
„die beiden verbissenen Online-Fighter" (S. 159)

Konny (nennt sich Wilhelm)
Außenseiter
Tulla erzieht ihn zu einem „Verkünder" der „Gustloff"-Katastrophe
antisemitische, rechtsradikale Einstellung

2 a Durch die spiegelbildliche Darstellung der Schüsse auf Wilhelm Gustloff bzw. Wolfgang Stremplin wird das Datum 30. Januar 1945 noch stärker in das Zentrum der Novelle gerückt. Es wird zu einer Erzählachse, um die sich die Ereignisse drehen. Mit Hilfe dieser Struktur kann der Erzähler die Geschichte zeitlich und örtlich auffächern, die einzelnen Teile collageartig verknüpfen, Erzähllinien abbrechen und miteinander verschränken.

b Die Spiegelung der mehr als sechzig Jahre auseinander liegenden Morde an Wilhelm Gustloff und Wolfgang Stremplin gibt dem Erzähler die Möglichkeit zu zeigen, wie ein Ereignis wie die „Gustloff"-Katastrophe Jahrzehnte später von der falschen Seite, den Rechtsradikalen und Neonazis, geschichtsverfälschend und manipulativ für die eigenen vordergründigen ideologischen Ziele ausgebeutet wird. Indem G. Grass diese manipulative neonazistische Geschichtsverfälschung vorführt, ja zu einem entscheidenden Erzählanstoß für Paul Pokriefke macht, kann er die Leidensgeschichte der Flüchtlinge auf der „Wilhelm Gustloff" in den Mittelpunkt seiner Erzählung rücken ohne sich dem Vorwurf der unausbalancierten Darstellung der Deutschen als Opfer auszusetzen. Dadurch, dass er seinen Sohn seine antijüdischen Ressentiments bis zum bitteren Ende ausleben und eine Situation, wie sie in Nazideutschland existierte, sich spiegelbildlich wiederholen lässt, entlarvt er die Geschichtsklitterung des Flüchtlingselends durch Konny und die Neonazis. Die Novelle *Im Krebsgang* kritisiert diesen falschen Umgang mit Geschichte direkt, z. B. durch Paul Pokriefke, und indirekt, z. B. durch den Mord, auf das Schärfste.

3

- Zu dem Begriffspaar Antisemit/Philosemit – (Warum wird die Dichotomie in der Kritik „fruchtlos und heikel" genannt?) – gibt es einen Text im Anhang (KV 23).
- Das „deprimierende" Ende – ein zu didaktisches Moment in G. Grass' Novelle? – sollte ausführlich diskutiert werden: Entwickelt sich der Schlusssatz folgerichtig aus dem Novellengeschehen? Welches Licht wirft das Ende auf Konny und das Verhältnis zwischen Erzähler und Konny?
- Wie lässt sich, was im Textauszug aus der Frankfurter Allgemeinen Sonntagszeitung behauptet wird, an Tulla, Paul Pokriefke und Konny wirklich nachweisen?

Figuren und Beziehungen

Paul Pokriefke

Lebenslauf des Erzählers

Name: ....

Vorname: ....

geb. am/in: ....

Eltern: Mutter (Name, Vorname, Alter, Beruf): ....

Vater (Name, Vorname, Beruf): ....

Familienstand: Ehefrau: ....

Kind(er): ....

Schulbesuch und -abschluss: ....

wohnhaft in, von – bis: ....

Bildungsweg: ....

Berufstätigkeit: ....

Sonstige Tätigkeiten: ....

1 Schreiben Sie einen tabellarischen Lebenslauf, der die zahlreichen Informationen über Paul Pokriefke bündelt. (Bitte lassen Sie sich nicht von der Vorstellung leiten, der Lebenslauf würde für eine Bewerbung geschrieben.)

2 Legen Sie eine tabellarische Übersicht an und notieren Sie stichwortartig, was seine Mutter Tulla, seine geschiedene Frau Gabi und sein Sohn Konrad über Paul Pokriefke denken.

3 Wie sieht sich Paul Pokriefke selbst? Wieweit stimmen Fremd- und Selbsteinschätzung überein, wo differieren sie? Diskutieren Sie – auch losgelöst vom Fall des Paul Pokriefke – die Wechselwirkung von Fremd- und Selbsteinschätzung.

4 a Wie würden Sie den Erzähler Paul Pokriefke charakterisieren? Ergänzen Sie die folgende Liste durch weitere Gegensatzpaare und kreuzen Sie unter der Ziffer an, die am ehesten seine Charaktereigenschaft trifft:

	1	2	3	4	5	6	
selbstbewusst	...	...	...	...	...	...	unsicher
konsequent	...	...	...	...	...	...	inkonsequent
verantwortungsbewusst	...	...	...	...	...	...	verantwortungslos
...	...	...	...	...	...	...	...
sympathisch	...	...	...	...	...	...	unsympathisch

Diskutieren Sie im Plenum über das Ergebnis.

5 Was mag Günter Grass bewogen haben ausgerechnet eine Figur in den Mittelpunkt der Novelle zu stellen, die von sich selbst sagt, sie sei „alles andere als ein Held" (S. 58)?

Figuren und Beziehungen

Paul Pokriefke

Paul Pokriefke ist Rollenerzähler und damit die zentrale Figur der Novelle; aus seiner Perspektive lässt Günter Grass die Geschichte vom Untergang der „Wilhelm Gustloff" erzählen. Der Journalist Pokriefke entscheidet, was und wie berichtet wird, er ist Herr über die Quellen, er stellt Bezüge her und beeinflusst mit seiner Sichtweise – vereinzelt mit seinen Kommentaren – die Meinungsbildung der Leserinnen und Leser. Angesichts seiner herausragenden Stellung drängt sich die Frage auf, was für ein Mensch dieser Paul Pokriefke ist.
Mit welchen Eigenschaften und Fähigkeiten, mit welchen Einstellungen und Wertvorstellungen stattet G. Grass seine Perspektivfigur aus? Paul Pokriefke ist ein beruflich nur mäßig erfolgreicher Journalist, der unsicher ist und an sich selbst zweifelt und der sich damit abgefunden hat, ein Versager zu sein. Sein Werdegang verdeutlicht, dass es ihm an Durchsetzungsvermögen und Prinzipienfestigkeit mangelt; er ist ein Opportunist. Die Figur des Paul Pokriefke bestätigt ein weiteres Mal, was – mehr oder weniger – für das Personal der Grass'schen Prosa insgesamt gilt: Figuren mit Heldenstatus oder mit Vorbildfunktion gibt es nicht. Der Novelle *Im Krebsgang* als Ganzes kann man durchaus eine belehrende Absicht – und dem Autor eine schulmeisterliche Attitüde – unterstellen, die Figuren aber vereinnahmt G. Grass hierfür nicht; er macht sie nicht zu Trägern von moralischen Werten und nimmt sie auch nicht für die Verbreitung von politischen Thesen und Theorien in Anspruch.

1 **Lebenslauf des Erzählers**

Name:	*Pokriefke*
Vorname:	*Paul*
geb. am/in:	*30.1.1945 auf dem Schiff „Löwe"*
Eltern: Mutter:	*Ursula Pokriefke, genannt Tulla; geb. 1927 in Langfuhr, einem Vorort von Danzig, Tischlerin, Rentnerin*
Vater:	*Harry Liebenau; evtl. Joachim Mahlke oder Walter Matern*
Familienstand:	*verheiratet, 1 Kind; Eheschließung 1980 mit Gabriele (Gabi), geb. 1950; Scheidung 1987; Sohn Konrad, geb. 1980*
Schulbesuch und -abschluss:	*Gymnasium, Abitur*
wohnhaft in, von – bis:	*1945 – 1960 in Schwerin, seit 1960 in Berlin (West)*
Bildungsweg:	*Studium der Germanistik und Publizistik; 1967 Abbruch des Studiums*
Berufstätigkeit:	*Volontariat bei Springers „Morgenpost", Journalist bei Springer, nach Anschlag auf Rudi Dutschke Mitarbeit bei „halbwegs progressiven Blättern"; Reportagen, Beiträge für Agenturen („Agenturschreiberling")*
Sonstige Tätigkeiten:	*Ghostwriter für den „Alten"*

2 ***Tulla*** *sieht in ihm einen typischen Versager (S. 43), er ist für sie „ain Schlappjä" (S. 93) und zur Liebe unfähig (S. 180).*
Gabi *hält ihn für einen Versager (S. 43, 93), für „rechtsgewickelt" (S. 75), nimmt ihn nicht ernst und beteiligt ihn nicht an der Erziehung von Konrad.*
Konny *glaubt, sein Vater interessiere sich nicht für ihn (S. 76), wirft ihm, weil er nicht zur Wahl geht, vor, er habe keine Überzeugungen (S. 210), nimmt ihn lange Zeit nicht ernst, behandelt ihn nachsichtig „von oben herab".*
In den Augen seiner Familie ist Paul Pokriefke keine ernst zu nehmende Figur. Er wird von den anderen weder in der Rolle als Sohn noch als Ehemann noch als Vater respektiert.

3 Es gibt viele Selbstbezichtigungen Pauls, die belegen, dass er sich für einen Versager hält, z. B.: „Kenne meine Grenzen. Bin ein mittelmäßiger Journalist, der auf Kurzstrecken ziemlich gut abschneidet. Zwar mag ich früher im Plänemachen groß gewesen sein [...]." (S. 42) Er spricht davon, dass er sich im „Bummeltrott" (S. 42) bewegt und sich irgendwann „aufgegeben" habe, dass er stehen geblieben und versackt sei (S. 43). Sarkastisch wird sein Ton, wenn er sich selbst bezichtigt (S. 45). Anders als seine geschiedene Frau ist er aber zu Einsicht und Selbstkritik fähig („[...] haben beide versagt. Gabi und ich hätten wissen müssen, [...]") Am Schluss der Novelle (S. 210) offenbart er seine „unter Hausarrest leidende[n] Gedanken", die fehlendes Selbstwertgefühl und erst recht Selbstbewusstsein bestätigen. Seine Lebensbilanz lautet unter dem Strich: angepasst, politisch korrekt, dem Zeitgeist verhaftet, opportunistisch.

Günter Grass versucht sich als Psychologe und bietet als Erklärung für die Entwicklung einer so schwachen Persönlichkeit an: Dominanz der Mutter und deren fehlende Liebe; sie nimmt ihren Sohn nicht als Person wahr, sondern vor allem als denjenigen, der am 30. Januar 1945 geboren wurde und der Zeugnis ablegen soll. Paul wird auf seine Funktion reduziert. Im Grass'schen Männerbild gibt es nichts Heroisches, nur Mittelmaß, Schwäche und Larmoyanz. Die Frage, wie weit G. Grass mit der Figur des Paul Pokriefke (und mehr noch mit dessen Frau Gabi) seine seit eh und je äußerst kritische Sicht auf die so genannte Studentenbewegung zum Ausdruck bringt und mit der Generation der so genannten 68er abrechnet (die Novelle als „Melodram einer Generation von Versagern", SZ v. 5. 2. 2002), wäre sicher interessant, würde die Schülerinnen und Schüler aber vermutlich überfordern.

Figuren und Beziehungen

Vater und Sohn

„Auch als ich ging, hatte mein Sohn kein Wort übrig." (S. 216)

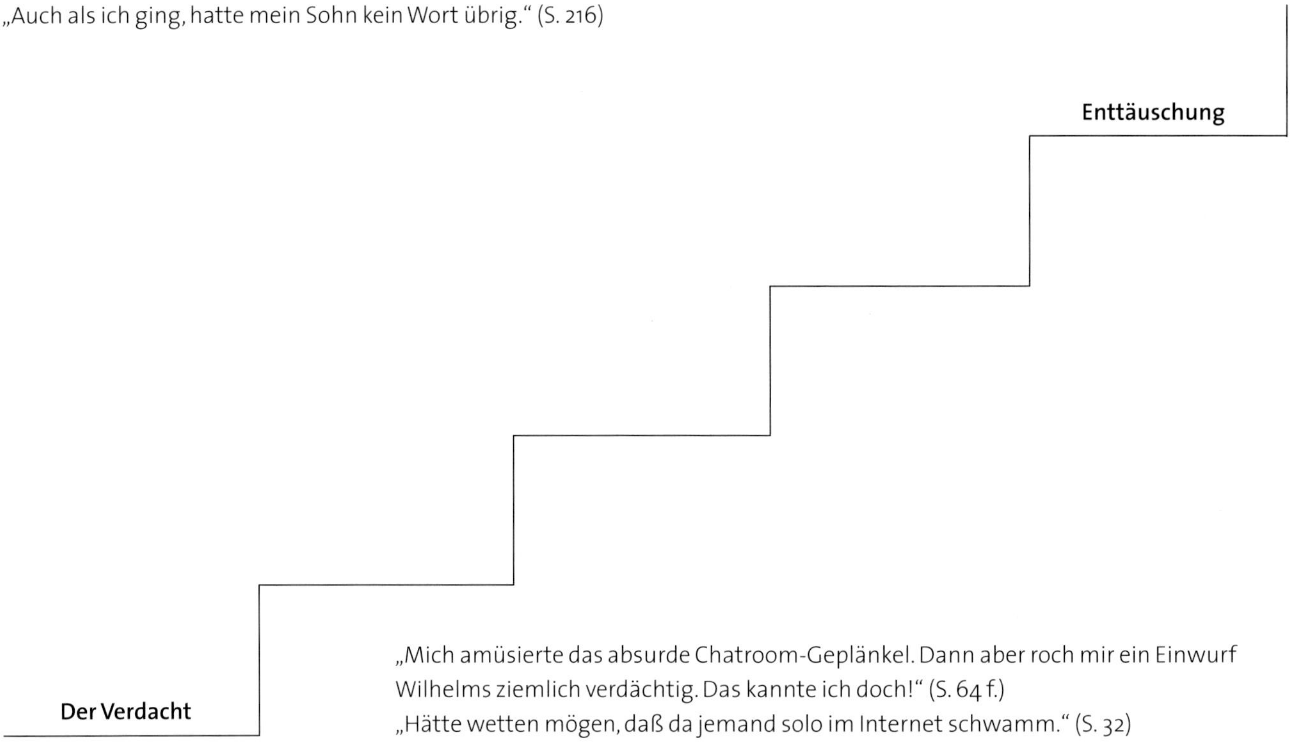

„Mich amüsierte das absurde Chatroom-Geplänkel. Dann aber roch mir ein Einwurf Wilhelms ziemlich verdächtig. Das kannte ich doch!" (S. 64 f.)
„Hätte wetten mögen, daß da jemand solo im Internet schwamm." (S. 32)

1 Die Beziehung zwischen dem Erzähler und seinem Sohn Konny ist eine der wichtigen Erzähllinien in der Novelle. An ihr werden das Handeln und die Einstellung von Konny und die Beweggründe des Erzählers, seine Geschichte aufzuschreiben, erkennbar. Die Handlungslinie Vater – Sohn kann wie beispielsweise in der Skizze oben als ansteigende Stufenlinie dargestellt werden. Eine solche Skizze sollte die wesentlichen Schritte der Annäherung des Vaters an den Sohn zeigen.
Finden Sie für die einzelnen Stufen der Annäherung Überschriften und belegen Sie diese mit wenigstens einer relevanten Textstelle.

2 Fassen Sie zusammen, wie sich das Verhältnis zwischen Vater und Sohn entwickelt.
Am Ende heißt es: „Als ich ging, hatte mein Sohn kein Wort übrig." Wie passt diese Aussage zu dem kurz vorher geäußerten Satz: „Mit nur andeutender Geste wies mein Sohn, der unverhofft ‚Vati' zu mir gesagt hatte, zum Bücherbord, [...]."?

3 Vater und Mutter, so jedenfalls glaubt der Erzähler, haben in der Erziehung von Konny versagt.
Worin liegt dieses Versagen der Eltern? Würden Sie in diesem Zusammenhang das Wort „Schuld" für angebracht halten? Wenn ja, sollten Sie darlegen, worin Sie eine Schuld des Vaters (oder der Mutter) sehen.

4 Diskutieren Sie, was G. Grass in einem Interview auf die Frage, wie Schule und Elternhaus einem Jungen wie Konny hätten helfen können, sagte:

Günter Grass

Ich kann hier keine Empfehlungen geben. Es gibt aber im Buch einen Hinweis. Als Konny ein Referat über die positiven Aspekte der KDF-Organisation halten will, wird ihm das verboten. Das wird tabuisiert, weil die Lehrer Angst davor haben. Sie schaffen es nicht, mit dem Nationalsozialismus, seinen Ideen und seiner Verführungskraft kühl und sachlich umzugehen. [. . .] Die Jugendlichen, die von Teilaspekten des Nationalsozialismus fasziniert sind, aber die Wirklichkeit dahinter nicht verstehen, brauchen dafür Gesprächspartner. Die fehlen ihnen – vom Elternhaus bis zu Schule.

Die Woche v. 8. 2. 2004

Figuren und Beziehungen

Vater und Sohn

Die Erzähllinie Vater – Sohn ist eine von mehreren Erzähllinien in der Novelle; weitere sind z. B. der 30. Januar 1945, Tulla, Paul Pokriefke, die Website „www.blutzeuge.de". An der Beziehung zwischen Vater und Sohn können Aspekte, die für das Verständnis des Buches insgesamt wichtig sind, erarbeitet werden.

1 Stufe 1: *Der Verdacht* – Notieren Sie in Stichworten, wie der Verdacht des Erzählers, hinter dem „absurden Chatroom-Geplänkel" (S. 64) könne sein Sohn Konny stecken, langsam Gewissheit wird (z. B. S. 32, 64 f., 72, 73).

Stufe 2: *Gewissheit* – „Wiederholt klingelte ich bei Gabi, wollte mit meinem Sohn sprechen." (S. 75)
Wie reagiert der Erzähler auf das, was er über Konny herausfindet? Wie reagiert Konnys Mutter darauf? (S. 74 ff.)

Stufe 3: *Paul Pokriefkes „privates Unglück"* (S. 88) – „Er paßte nicht zu den Glatzen." (S. 84)
Notieren Sie, was der Vater über Konnys Sicht des „Gustloff"-Unglücks und seine Einstellung gegenüber Juden und Ausländern überhaupt nach und nach erfährt. Wie kommentiert und bewertet er Konnys Haltung (z. B. S. 82, 88 f., 95 f., 116)?

Stufe 4: *Schuldgefühle* – „Hat mein Sohn mich gehaßt?" (S. 195)
Wie stellt Paul Pokriefke das Verhältnis zu seinem Sohn dar? Wie sieht er im Nachhinein seine Rolle als Vater (z. B. S. 176, 183, 195)?

Stufe 5: *Annäherung* – Der „verspätete Vater" (S. 176)
Die Darstellung des Gerichtsprozesses gegen Konny und die Schilderung seines Gefängnisaufenthalts in den beiden Schlusskapiteln geben Hinweise, wie der Ausdruck „verspäteter Vater" verstanden werden kann.
Wie sieht der Vater den Sohn? Und wie die Mutter?

Stufe 6: *Enttäuschung* – „Auch als ich ging, hatte mein Sohn kein Wort übrig." (S. 216)
Wie passt diese Beobachtung zu den Fragen, die sich der Erzähler in diesem Abschnitt stellt?

2 Paul Pokriefke nähert sich seinem Sohn Konny, mit dem er sich bereits vollends auseinander gelebt hatte, im Laufe seiner Auseinandersetzung mit dem, was Konny zum „Gustloff"-Unglück und zu den Juden auf der Website schreibt, wieder an. Besonders in der Zeit des Gefängnisaufenthalts des Sohnes entwickelt sich eine engere Beziehung, so jedenfalls glaubt der Erzähler. Die Anrede „Vati" (vgl. vorletzte Seite der Novelle) ist dafür eine viel versprechende Bestätigung und macht Paul Pokriefke Hoffnung, dass er von Konny wieder als Vater akzeptiert wird. Umso desillusionierender ist für ihn, was der „Vati"-Anrede folgt. Nicht nur spürt Paul Pokriefke den sarkastischen Unterton in Konnys Satz „‚Zufrieden jetzt, Vati?'" (S. 216), nachdem der das Schiffsmodell der „Wilhelm Gustloff", vom Vater vorher als kindische Spielerei abgetan, „mit bloßer Faust" zerschlagen hatte; er muss darüber hinaus einräumen: „Auch als ich ging, hatte mein Sohn kein Wort übrig." (S. 216) Wieder ist Konny zum Erzähler auf Distanz gegangen, steht ihm als Mensch fern, ist ihm als Sohn entglitten. Die Enttäuschung über Konny wird am Ende der Novelle durch die schockierende Erkenntnis des Erzählers verdrängt, dass er gegen rechtsradikale Websites ohnmächtig sei.

3 Die folgenden Textpassagen betreffen das Thema Konny – Elternhaus: S. 74, 76, 184, 193, 195, 196, 213.
Der Erzähler akzeptiert eine Mitschuld an der Entwicklung Konnys zum Rechtsradikalen und Mörder, wenn er auch die noch größere Verantwortung für das, was aus Konny geworden ist, der Schule zu geben scheint (vgl. S. 187). Paul Pokriefke räumt ein, dass er sich viele Jahre lang zu wenig um Konny gekümmert habe, ihm fremd geworden sei, ihn Gabis und später Tullas Einflüssen überlassen habe. „Er, der vorgibt, mich zu kennen, behauptet", so heißt es an einer Stelle der Novelle, „ich kenne mein eigen Fleisch und Blut nicht. Mag sein, daß mir der Zugang in seine innersten Peinkammern verschlossen geblieben ist. Oder bin ich nicht findig genug gewesen, meines Sohnes Geheimnisse aufzuschlüsseln?" (S. 176, vgl. auch S. 183 f.) Auf S. 195 unternimmt der Erzähler einen anderen Erklärungsversuch: „Oder könnte es sein, daß der Verteidiger gar nicht falsch lag, als er die durch Mutter verursachte Fixierung auf Wilhelm Gustloff zur Suche nach einem Vaterersatz umdeutete?" Deutliche Kritik übt der Erzähler immer wieder an Gabi, Konnys Mutter. Sie habe, so der Vorwurf Paul Pokriefkes, Konny mit ihren liberalen Erziehungsidealen zu wenig geführt und ihm nicht geholfen erwachsen zu werden. Die Sätze auf S. 213 entlarven die Sprecherin als egozentrische Person, zu wirklicher Mutterliebe unfähig.

4 Mögliche Diskussionspunkte: Haben die Lehrkräfte Angst davor, mit den Schülerinnen und Schülern über Nationalsozialismus zu diskutieren? Stimmt es, dass manche Jugendliche von „Teilaspekten des Nationalsozialismus fasziniert sind"? Was fasziniert Jugendliche an nationalsozialistischen Ideen? Sind „Elternhaus und Schule" wirklich, so jedenfalls G. Grass, keine Gesprächspartner, wenn es um Fragen des Nationalsozialismus geht?

Figuren und Beziehungen

Konnys Tat – die Suche nach Erklärungen

Erzähler
„Nichts spricht uns frei." (S.184) Worin liegt für Paul Pokriefke die Mitschuld an Konnys Tat?

Gabi
„‚Du weißt, ich komme gegen den Jungen seit langem nicht an.'" (S. 213)
Beschreiben Sie das Verhältnis zwischen Mutter und Sohn.
Wie sieht der Erzähler die Mitverantwortung Gabis?

Konny
„‚Ich schoß aus Prinzip.'" (S. 182)
„‚Ich stehe zu meiner Tat.'" (S. 192)

Konny
Konny geht während des Prozesses auf seine Tat ein (z. B. S. 192). Stellen Sie eine Liste der Gründe zusammen, die er selbst für seine Tat vorbringt.

Tulla
„Sie, nur sie ist schuld, daß es mit dem Jungen danebenging." (S. 68)
Worin genau besteht nach Auffassung des Erzählers Tullas Schuld? Tulla selbst nimmt vor Gericht Stellung zu Konnys Tat. Wie beurteilt sie die Schüsse auf Wolfgang Stremplin?

Gutachter
der Mord sei die „einsame Tat eines Verzweifelten" (S. 193)
Wie bewertet der Erzähler die Urteile der Gerichtsgutachter?

Am Ende der Novelle steht der Mord an einem jungen Mann, der sich als Jude ausgibt ohne es zu sein.
Für das Verständnis und die Bewertung der Novelle ist die Frage wichtig, wie Konny zum Mörder wird.

1 Sammeln Sie weitere Textbelege, die die folgende Aussage über Konny ergänzen:

„Mein Sohn hat offenbar eine Menge von Mutter mitbekommen. Es müssen die Gene sein, wie meine Ehemalige annimmt. Jedenfalls wollte Konny nirgendwo, nicht mal im Ratzeburger Ruderclub oder – wie Gabi ihm geraten hat – bei den Pfadfindern Mitglied werden. Von ihr bekam ich zu hören: ‚Er ist ein typischer Einzelgänger, schwer zu sozialisieren. Einige meiner Lehrerkollegen sagen, Konnys Denken sei ausschließlich vergangenheitsbezogen, sosehr er sich nach außen hin für technische Neuerungen interessiert, für Computer und moderne Kommunikation zum Beispiel …'" (S. 67)

Sind solche Charakterbeschreibungen eine hinreichende Erklärung für Konnys Tat?

2 Was sind für Sie maßgebende Gründe dafür, dass Konny Wolfgang Stremplin erschossen hat?
Wie bewerten Sie einen Satz wie den folgenden:
„[...] als Konny den Computer geschenkt bekam, begann all das Unglück." (S. 68)

3 Ist Konnys Tat eher aus seinem Charakter, seiner familiären Situation und seiner Entwicklung zu erklären oder gibt es dafür politische und ideologische Gründe?

4 Inwieweit ist Konny nicht nur Täter, sondern auch Opfer?

Figuren und Beziehungen

Konnys Tat – die Suche nach Erklärungen

Günter Grass gibt in seiner Novelle nicht die *eine* Antwort auf die Frage nach den Motiven für Konnys Entwicklung zu einem 17-Jährigen mit neonazistischen Gedanken, die ihn schließlich dazu bringen, Wolfgang Stremplin zu erschießen. Es werden mehrere Gründe für die rechtsradikale Einstellung und die Tat genannt, die jeweils mehr oder minder überzeugend sind. In dieser Mehrschichtigkeit der Erklärungen für Konnys Charakter liegt der Versuch Konny nicht auf die üblichen neonazistischen Klischeebilder zu reduzieren, ihn – bis zu einem gewissen Grad – als Charakter lebendig werden zu lassen und gerade von daher Einstellung und Tat differenzierter zu sehen. Die KV soll die Schülerinnen und Schüler anregen sich mit dieser gewollten Uneindeutigkeit der Figur des Konny auseinander zu setzen.

Zur Strukturskizze

Erzähler: Paul Pokriefke räumt ein, dass er sich als Vater zu wenig um seinen Sohn gekümmert habe: „Ach, wäre ich, der Vaterlose, doch nie Vater geworden!“ (S. 184). Der Satz, ironisch gebrochen, beklagt, dass er, wie viele nach dem Krieg, ohne Vater herangewachsen sei und deshalb – eine eher stereotype, nicht überzeugende Begründung des Erzählers – nie wirklich gelernt habe die Vaterrolle angemessen auszufüllen. – Tulla spricht vor Gericht von dem „zur Liebe unfähigen Elternpaar“, was auch als Kritik des Über-Erzählers G. Grass an falschen Erziehungsprinzipien der 68er-Generation verstanden werden kann.
Gabi: Gabi wird als eine Mutter dargestellt, die stark von den erzieherischen Idealen der späten Sechziger- und Siebzigerjahre geprägt wurde und blind geworden ist gegenüber den wahren Bedürfnissen von Kindern und Jugendlichen. Am Ende bricht sie ihre Beziehungen zu Konny ganz ab.
Tulla: Tulla sieht in ihrem Enkel Konny denjenigen, der, anders als ihr Sohn und Konnys Vater Paul Pokriefke, „reif“ ist für ihre Absicht „ihn ganz und gar zum Mitwisser des Unglücks und – wie sich zeigen sollte – Verkünder der Legende eines Schiffes zu machen“. (S. 95) Vor Gericht relativiert sie Konnys Schüsse auf Wolfgang Stremplin, indem sie diesen mit den Worten „ain falscher Jud“ diffamiert.
Konny: Konny geht vor Gericht ausführlich auf seine Gründe für den Mord an Wolfgang Stremplin ein:
- Er vergleicht seine Tat mit der von David Frankfurter.
- „Ich habe geschossen, weil ich Deutscher bin – und weil aus David der ewige Jude sprach.“
- Er will mit seiner Tat an den Untergang der „Wilhelm Gustloff“ erinnern.
- Er weist darauf hin, dass die von ihm „vollzogene Hinrichtung [...] nur in größerem Zusammenhang zu begreifen ist.“ (S. 192)

Gutachter: Paul Pokriefke bewertet die Gutachten als „sich wissenschaftlich gebendes Geschreibsel“. Er akzeptiert aber, dass deren Hinweis auf Konnys „Jugend ohne Vater“ ihm eine Mitschuld gibt.

1 Die angeführte sowie andere Textstellen sind keine hinreichende Erklärung für Konnys Tat. Sie liefern Bausteine, aus denen sich im Laufe der Novelle Konnys Charakter in Grundzügen zusammensetzt. Aber auch am Ende bleiben Fragen unbeantwortet. Die Uneindeutigkeit bei der Suche nach den Motiven und Erklärungen ist ein auffälliges erzählerisches Mittel. Sie entspricht der „Graustichigkeit“ des Schreibens, von der G. Grass einmal in einer Rede über das Schreiben nach Auschwitz gesagt hat: „Es galt, den absoluten Größen, dem ideologischen Weiß und Schwarz, abzuschwören, dem Glauben Platzverweis zu erteilen und nur noch auf den Zweifel zu setzen, der alles, und selbst den Regenbogen graustichig werden ließ.“ (G. G.: Essays und Reden III, S. 242)

2 Der Erzähler sieht die Möglichkeiten, Gedanken über das Internet in unbeschränkter Weise zu verbreiten, als einen Grund dafür, dass Konny zu einem Rechtsradikalen geworden ist: ein nicht ganz überzeugender Versuch Erklärungen für Konnys Verhalten zu finden (vgl. auch KV 18).

3 Konnys Tat ist zum Teil in seinem Charakter („einsame Tat eines Verzweifelten“) begründet. Der Schule wird ebenfalls eine Mitschuld an seiner Entwicklung gegeben. Der Erzähler klagt über die „bornierte Paukermoral“, die Konny verwehrt habe seine Referate wegen ihres „nationalsozialistischen Gedankenguts“ zu halten. Die Einflüsse Tullas werden an mehreren Stellen der Novelle betont. Aber aus all diesen Gründen ist eine Tat wie der Mord an Wolfgang Stremplin nicht zu erklären. Der Mord ist eine Konsequenz aus Konnys antisemitischer und neonazistischer Grundeinstellung. Wie es aber zu dieser ideologischen Verblendung kommt, bleibt in der Novelle, trotz aller Erklärungsversuche, offen. Im Gegenteil: Der Erzähler legt Wert auf die Feststellung, dass Konny nicht dem Klischeebild von Neonazis und Rechtsradikalen entspricht. Die Schilderung des Vortrags, den Konny „vor einer größeren Horde Glatzen“ in Schwerin hält, zeigt, wie sehr er sich von den üblichen Rechtsradikalen unterscheidet: „Er, der Safttrinker, umgeben von Fleischbergen, die mit Bierflaschen bewaffnet sind.“ (S. 82)

4 Konny muss, zum Teil jedenfalls, ohne dass dadurch seine Tat entschuldigt werden könnte, als Opfer seiner familiären – vgl. Elternhaus und Einfluss Tullas – und schulischen Situation gesehen werden.

Figuren und Beziehungen

Tulla

Kindheit und Jugend

Nachkriegszeit und Leben in der DDR

30. Januar 1945

Tullas Verhältnis zu Paul Pokriefke

Tullas Verhältnis zu Konny

1 Schreiben Sie in die Übersicht kurze Zitate oder inhaltliche Hinweise zu den angegebenen Aspekten.

2 Welche Funktion hat Tulla im *Krebsgang*
a für den Erzähler Paul Pokriefke,
b für den Werdegang Konnys?

3 Tulla ist Zeitzeugin für mehrere Abschnitte deutscher Geschichte: für die Jahre des Nationalsozialismus, für das Ende des Krieges, für Flucht und Vertreibung, für die Nachkriegszeit, für das Leben in der DDR und die Jahre nach der „Wende". Ihre literarische Biografie steht für die vieler Deutscher in der zweiten Hälfte des 20. Jahrhunderts. Zeigen Sie, welche Verhaltens- und Denkmuster G. Grass am Beispiel dieser Figur herausarbeitet und wie er sie mit den vielen Brüchen in ihrer Biografie umgehen lässt.

Figuren und Beziehungen

Tulla

Abgesehen von der wichtigen erzählerischen Funktion, die die Figur der Tulla hat (vgl. Aufg. 2), ist sie – ein für G. Grass' Werk typisches Merkmal von Auto-Referenzialität – eine auffällige Verbindungsstelle zwischen der Novelle *Im Krebsgang* und den frühen Texten *Katz und Maus* (1961) und *Hundejahre* (1963).

1 ***Kindheit und Jugend:*** *Sommerferien am Ostseestrand (S. 205) – wuchs „auf dem Tischlereihof in Langfuhrs Elsenstraße" (S. 44) auf – „ist als Halbwüchsige nach Männern verrückt gewesen" (S. 56) – „Mutter roch nach Knochenleim." (S. 54) – Geschichten um den Schäferhund Harras (S. 65 f.) – „Sie ließ sich nicht organisieren." (S. 67) – wurde von Harry Liebenau, ihrem „Kusäng" (S. 20), oder, sie war sich selbst nicht sicher, von anderen Männern, geschwängert (S. 21 ff.)*
Nachkriegszeit und Leben in der DDR: *Kriegsende: Flucht vor den Russen endet schließlich in Schwerin – Tischlerlehre, war berufstätig – leitete als Meisterin „in einem volkseigenen Großbetrieb eine Tischlereibrigade" (S. 21) – „beliebt und gefürchtet zugleich" (S. 90) – SED-Genossin – „Männer gab's mehr als genug." (S. 56) – „Sie war nicht für Heirat." (S. 57) – „Stalins letzte Getreue" (S. 89) – Ärger mit SED-Führung wegen ihrer Haltung zu Wilhelm Gustloff (S. 89) – hielt sich bei der Abwicklung der DDR nach 1989 „schadlos" (S. 90)*
30. Januar 1945: *war 17 Jahre alt – die Pokriefkes kamen mit einem der letzten Schübe an Bord; Tulla wurde in die Entbindungs- und Wöchnerinnenstation eingewiesen (S. 110) – „Was aber im Schiffsinneren geschah, ist mit Worten nicht zu fassen. Mutters für alles Unbeschreibliche stehender Satz ‚Da hab ech kaine Töne fier...' sagt, was ich undeutlich meine." (S. 136) – „Von Anbeginn war sie weißhaarig." (S. 55) – „‚Kann man nich vergessen, so was.'" – „‚Son Jeschrai kriegste nich mehr raus aussem Jehör [...]'" (S. 146) – „Womit sie bei ihrem eigentlichen Thema, dem fortwährend sinkenden Schiff war. Alles andere zählte nicht." (S. 157)*
Paul Pokriefke – Tulla: *„Mutter, dieses verflucht zähe Miststück" (S. 19) – „‚Ech leb nur noch dafier, daß main Sohn aines Tages mecht Zeugnis ablegen.'" (S. 19) – „auch Mutter hat in mir den typischen Versager gesehen" (S. 43) – „ich blieb Nebensache" (S. 44)*
Tulla – Konny: *„Die beiden verstanden sich auf Anhieb." (S. 44) – „Wie ein Schwamm muß der Junge ihr Gerede aufgesogen haben." (S. 44) – „ihre große Hoffnung" (S. 44) – „Mein Sohn hat offenbar eine Menge von Mutter mitbekommen. Es müssen die Gene sein, wie meine Ehemalige annimmt." (S. 67) – „Sie, nur sie ist schuld, daß es mit dem Jungen danebenging." (S. 68) – „Sie hat ihm das eingeimpft." (S. 70) – „‚Na, vleicht wird mal main Konradchen eines Tags drieber was schraiben [...]'" (S. 94) – „Mutters Absicht, ihn ganz und gar zum Mitwisser des Unglücks und – wie sich zeigen sollte – Verkünder der Legende eines Schiffes zu machen." (S. 95) – „ihr liebes Enkelkind" (S. 181) – Konnys „durch Mutter verursachte Fixierung auf Wilhelm Gustloff" (S. 195)*

2 a Tulla hat eine doppelte Bedeutung für den Erzähler: Als eine fiktive Überlebende der Schiffskatastrophe am 30. Januar 1945 ist sie Erzählmittelpunkt und die Gewährsfrau schlechthin, wenn es darum geht, die Umstände des Untergangs näher zu beschreiben. Sie kommentiert, was geschehen ist, und ist Zeugin der unvorstellbaren Schrecknisse des Untergangs. Sie ist zweitens diejenige, der der Erzähler wegen seiner „zufälligen Existenz" (S. 70) eine große Mitschuld an seinem, wie er glaubt, „windschiefen" (S. 151) Leben gibt; „windschief" vor allem auch deshalb, weil er die einzige große Erwartung seiner Mutter an ihn, nämlich Chronist der Katastrophennacht zu werden, nicht erfüllen kann.

b Konnys Entwicklung ist ohne den Einfluss seiner Großmutter Tulla, so jedenfalls die Behauptung des Erzählers, nicht vorstellbar. Konny wird für Tulla der „Verkünder der Legende eines Schiffes", der Paul Pokriefke eigentlich hätte werden sollen, aber – in den Augen Tullas der große Versager – nicht geworden ist. Wenn von Konny bis zu einem bestimmten Grad auch als Opfer gesprochen werden kann, dann liegt das zum Teil darin begründet, dass er sich dem Willen Tullas, das Leben vollkommen auf die „Wilhelm Gustloff" und die Nacht des 30. Januar 1945 auszurichten, nicht entziehen kann, sich dem allerdings auch nicht entziehen will.

3 Tulla wird vom Erzähler als „Ewiggestrige" (S. 72) charakterisiert. Darin liegt der Vorwurf, dass sie alles, was ihr begegnet, nur nach ihren persönlichen Erfahrungen bewertet. Sie verabsolutiert ihre Opferrolle und ist nicht bereit eigene Erfahrungen zu relativieren und in einen politischen und historischen Kontext zu stellen. Sie handelt unpolitisch und bis zu einem gewissen Grad auch opportunistisch, bezieht nie Position („Mutter ist nicht zu fassen.", S. 100), folgt Denkmustern, die geschichtlich überholt sind und sich als falsch erwiesen haben (ist „bis heute Stalinistin geblieben", S. 170), und vertritt undemokratische Meinungen („schon immer fürs Extreme gewesen [...] und nicht klein zu kriegen", S. 78). Ihr Auftritt vor Gericht und ihre Kommentare zu Konnys Tat erwecken den Eindruck, als gehöre auch eine latent antijüdische Haltung zu ihrer „ewiggestrigen" Lebensphilosophie.
Tulla wird auch als eine starke Frau dargestellt mit einem ungewöhnlich schweren Schicksal, das sie souverän, auch mit Glück meistert. Das Leben nach dem Krieg gelingt ihr eigentlich nur deshalb so „reibungslos", weil sie ein großes Ziel vor Augen hat: das, was am 30. Januar 1945 geschehen ist, der Nachwelt zu überliefern. Dieser Gedanke vor allem hilft ihr der Brüche in ihrem Leben und der Schicksalsschläge Herr zu werden.

Erzählweise und Sprache

Darstellungen der Katastrophe

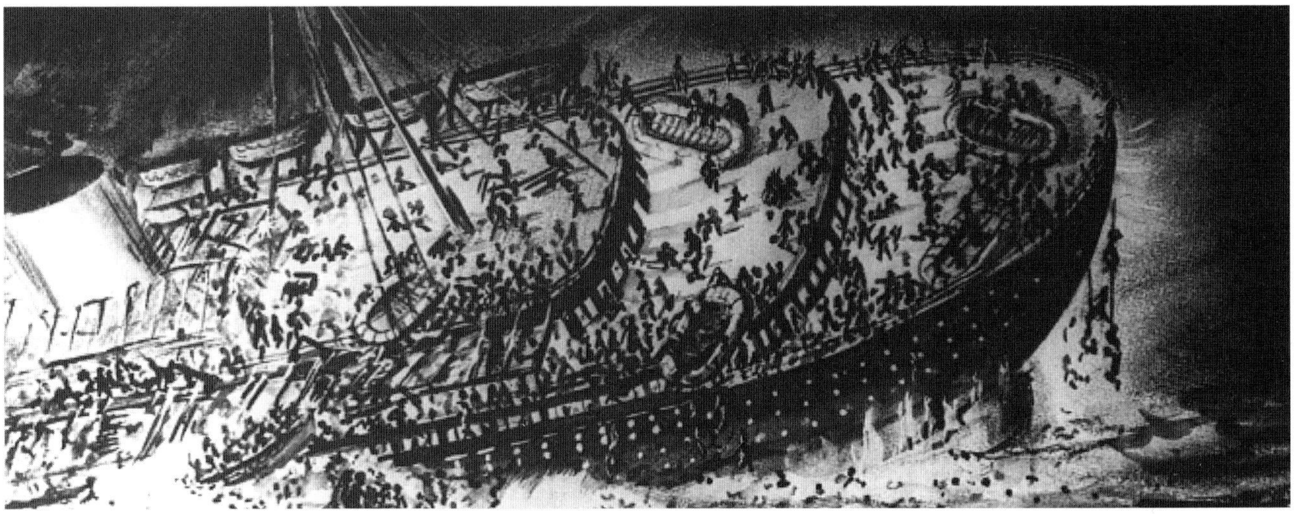

„Gustloff"-Archiv, Heinz Schön

Zeichnung nach Angaben eines Überlebenden (gezeichnet von H. Rathe)

Nikolaus Höbel, Funkmaat auf der „Gustloff": „Eine junge Frau schwamm im Wasser und vor ihr ein volles Rettungsboot. Sie hob ihr Kind aus dem Wasser in die Höhe und bettelte und flehte: ‚Nehmt doch wenigstens mein Kind mit!' Aber jeder war sich selbst überlassen – da reagierte kein Mensch."

Margot Käune, Flüchtling: „Ich konnte mich auf ein schmales Schlauchboot retten. Darauf saß ich dann ein paar Stunden, meine Beine hingen im Wasser. Mit mir auf dem Floß saß ein kleiner schwarzer Hund – ich habe keine Ahnung, wo er herkam. Er hat mir die ganze Zeit über Gesellschaft geleistet. Als ich dann von einem Minensuchboot gerettet wurde, wurde er zurückgelassen. Er wird wohl ertrunken sein."

Ursula Birkle, Überlebende, als sie sich bemühte Menschen aus dem Wasser in ihr Boot zu ziehen: „Das eine war ein junges Mädchen, der andere ein Soldat, der nur noch ein Bein hatte, der dritte war, glaub ich, auch ein Mann. Aber dann schimpften die Leute im Boot und sagten, ich solle aufhören, wir würden alle untergehen, wenn noch mehr Leute an Bord kämen."

Guido Knopp: Der Untergang der Gustloff.
München: Econ Ullstein List Verlag 2002, S. 110 ff.

Der KdF-Liner „Wilhelm Gustloff" war für rund 1500 Fahrgäste eingerichtet. Als er sich, wie geplant, in Marsch setzte, hatte er nach den Unterlagen mehr als 6000 Menschen an Bord: 918 Soldaten, 173 Bedienstete, 373 Marinehelferinnen, 162 Verwundete und 4424 Flüchtlinge. In letzter Minute sollen noch mehr hinzugekommen sein. [...] Der steife Nordwest-Wind machte den Schiffen zu schaffen. Während das Fangboot wegen eines Lecks umkehren musste und das Torpedoboot „Löwe" vereiste, stampfte die „Wilhelm Gustloff" schwerfällig gegenan. Das auf der Lauer liegende sowjetische U-Boot S 13 entdeckte die aus der Danziger Bucht kommenden Schiffe und folgte ihnen. Um 21:40 Uhr, etwa auf der Höhe von Stolpmünde, wurde die „Wilhelm Gustloff" von drei Torpedos getroffen und sank innerhalb von einer knappen Stunde. Nur 838 Überlebende wurden aufgefischt, die Zahl der Ertrunkenen schwankt.

F. Grube, G. Richter: Flucht und Vertreibung:
Deutschland zwischen 1944 und 1947.
Hamburg: Hoffmann und Campe 1980, S. 108 f.

1 Worin unterscheiden sich die Darstellungen des Untergangs der „Gustloff"?

2 Vor allem im sechsten Kapitel seiner Novelle stellt G. Grass den Untergang des Schiffes dar. Wie gelingt es ihm, die Schrecken des Untergangs literarisch „lebendig" werden zu lassen?

3 Zeigen Sie, dass G. Grass dennoch keine „Spannung" im herkömmlichen Sinn erzeugen will. Worauf kommt es ihm an?

4 Stellen Sie sich vor, Sie könnten als Journalist oder Journalistin einer überregionalen seriösen Tageszeitung oder einer Boulevardzeitung mit Tulla unmittelbar nach der Rettung im Februar 1945 oder mehr als fünfzig Jahre später während des Prozesses gegen Konny ein Gespräch über das Schiffsunglück am 30. Januar 1945 führen. Schreiben Sie ein fiktives Interview.

Erzählweise und Sprache

Darstellungen der Katastrophe

In der KV 1 werden die Schülerinnen und Schüler mit einer Bildsequenz aus dem Film *Nacht fiel über Gotenhafen* konfrontiert. Die Fotos sollen einen ersten Zugang zu den Schrecknissen des Schiffsunglücks, dem „unerhörten Ereignis", aus dem sich G. Grass' Novelle entwickelt, ermöglichen. In dieser KV wird der Untergang des Flüchtlingsschiffes noch einmal zum Unterrichtsthema. Jetzt soll der Blick stärker auf die Darstellung des Untergangs der „Gustloff" in der Novelle gelenkt werden. Es geht, im Vergleich mit anderen Darstellungen, um erzählerische Spezifika bei der Schilderung der „Gustloff"-Katastrophe.

1 *Zeichnung*
Die Zeichnung vermittelt einen Eindruck von dem Chaos im Moment des Untergangs des Schiffs, von der „Kleinheit" der Passagiere gegenüber der Größe der „Gustloff", von der Gespenstigkeit der Katastrophe.

Erinnerungen von Überlebenden
- *Die schrecklichen Vorkommnisse halten die Erinnerung besetzt.*
- *Emotionalität*
- *Einzelheiten*
- *Die Unmittelbarkeit der Erlebnisse verliert auch nach Jahrzehnten nicht ihre Wirkung.*
- *menschliche Schicksale*

Historischer Bericht
- *weitgehend sachlicher Bericht*
- *Zahlen: Versuch genau zu sein*
- *Absicherung durch Formulierungen wie „nach den Unterlagen", „sollen", „etwa", „die Zahl der Überlebenden schwankt"*
- *Der sachliche Berichtstil wird nicht ganz durchgehalten: „der steife Nordwest-Wind", „auf der Lauer liegende".*

2 a Der Erzähler nähert sich dem Untergang der „Gustloff" über verschiedene „Quellen", wodurch er den Anschein von Authentizität und Unmittelbarkeit erweckt:
Fotos: Der Erzähler beschreibt Matrosen und Marinehelferinnen, vergleicht sie mit seinem Sohn bzw. seiner „Ehemaligen"; er erwähnt auch Kinder, Jugendliche und alte Menschen.
Erzählerfantasie: „Während die drei beschrifteten Torpedos unterwegs sind, bin ich versucht, mich an Bord der Gustloff zu denken." (S. 130) Zum Teil schildert er sehr drastisch die beengten Verhältnisse an Bord.
„Mutters Satz": Der Erzähler beruft sich auf den Bericht der Überlebenden Tulla, deren drei Sätze über den ersten, zweiten und dritten „Bums" eine besondere Spannung in das sechste Kapitel bringen.
Film *Nacht fiel über Gotenhafen*: Die Darstellung auf den Seiten 135/136 kann sowohl eine Beschreibung von Filmszenen als auch eine Schilderung erfundener Situationen und Szenen auf dem Schiff kurz vor dem Untergang sein.
Überlebende: Dieser Teil der Schilderung (S. 137 f.) erinnert stark an die auf der KV abgedruckten Berichte überlebender „Gustloff"-Passagiere.
b „Jetzt wird mir geraten, mich kurz zu fassen, nein, mein Arbeitgeber besteht darauf." (S. 139) Der Erzähler weist auf die Unbeschreiblichkeit der Schrecknisse beim Untergang der „Gustloff" hin. Indem er einräumt, dass es ihm nicht gelingen könne, das „tausendmalige Sterben im Schiffsbauch und in der eisigen See in Worte zu fassen", betont er die Einmaligkeit und Unvorstellbarkeit dessen, was beim Untergang des Schiffes geschehen ist.
c Der Gegensatz zwischen Marineskos U-Boot und der „Wilhelm Gustloff" verstärkt den Eindruck von den Schrecknissen auf dem Unglücksschiff.
d In der ausführlichen Schilderung der Umstände der Geburt von Tullas Sohn Paul Pokriefke überwiegt das Moment eines persönlichen Schicksals in einer hochdramatischen Situation.

3 Zwar gelingt es G. Grass mit seinen literarischen Möglichkeiten, ein lebendiges Bild vom Untergang des Flüchtlingsschiffes zu vermitteln. Dennoch erzeugt seine Darstellung keine „Spannung" im herkömmlichen Sinne. Sie unterscheidet sich auch deutlich von der Wirkung der Zeichnung oder den Aussagen der Überlebenden. Der Autor lässt – das ist vielleicht der schärfste Unterschied zu anderen Darstellungen des „Gustloff"-Unglücks – kein identifikatorisches Lesen seiner Geschichte zu: Er unterbricht seine Schilderung von Einzelheiten des Untergangs immer wieder, kommt auf andere Quellen zu sprechen, schiebt Passagen über Marineskos U-Boot in die Darstellung des Untergangs der „Gustloff" ein und erreicht dadurch, dass die Leserinnen und Leser zwar viele Bilder der Situation, die mit dem Untergang zu tun hat, vor sich sehen, dass sie aber gleichzeitig alles eher von außen betrachten, nicht „dabei" sind, eine distanzierte Haltung zum 30. Januar 1945 einnehmen.

4 In dem fiktiven Interview können die Schülerinnen und Schüler die Aussagen Tullas aus dem sechsten Kapitel aufgreifen, aber auch solche aus anderen Teilen der Novelle und vor allem auch die Meinungen und Ansichten des Erzählers zu dem, was auf der „Gustloff" passiert ist und was der 30. Januar 1945 für ihn bedeutet.

(Vgl. zu diesem Thema auch die KV 21.)

Erzählweise und Sprache

Erzählweise

Der Erzähler über die „Erzählweise des Krebsgangs“

„Aber noch weiß ich nicht, ob, wie gelernt, erst das eine, dann das andere und danach dieser oder jener Lebenslauf abgespult werden soll oder ob ich der Zeit eher schrägläufig in die Quere kommen muß, etwa nach Art der Krebse, die den Rückwärtsgang seitlich ausscherend vortäuschen, doch ziemlich schnell vorankommen.“ (S. 8 f.)

„Ich lasse das Schiff jetzt liegen, wo es, von Luftangriffen abgesehen, einigermaßen sicher lag, und komme im Krebsgang auf mein privates Unglück zurück.“ (S. 88)

„Doch soweit war es noch nicht. Wieder einmal muß ich rückwärts krebsen, um voranzukommen: […].“ (S. 107)

„Alles, was ich von mir weg krebsend tue, ziemlich nahe der Wahrheit beichte oder wie unter Zwang preisgebe, geschieht nach seiner Wertung ‚nachträglich und aus schlechtem Gewissen‘.“ (S. 176)

Günter Grass über seine Erzählweise

Günter Grass

Die Woche: Obwohl der Untergang das zentrale Ereignis ist, berichtet die Novelle auch davon, welche Version rechtsextremistische Kreise verbreiten.

G. G.: Es war mir wichtig, die gegenwärtige Situation miteinzubeziehen. Der Erzähler stellt sich dem Thema, weil es ihm im Internet auf einer rechtsradikalen Website begegnet. Die Rechten haben sich der Tragödie bemächtigt, weil die Linken sie fallen gelassen hatten. Aus den verschiedenen Versionen ergibt sich die Spannung der Novelle. Außerdem wollte ich den Hintergrund nicht auf den Namensgeber Wilhelm Gustloff beschränken, sondern die Biografie seines Attentäters David Frankfurter ebenso wie die des russischen U-Boot-Kommandanten Alexander Marinesko, der die Gustloff versenkt hat, miterzählen. Diese verschiedenen Lebensläufe, die parallel zueinander gesetzt sind, provozieren eine Erzählweise, die ich dann im Titel als *Im Krebsgang* charakterisiert habe: ein scheinbares Zurückgreifen, aber doch ein langsames und schräg versetztes Vorankommen.

Die Woche v. 8. 2. 2002

1 G. Grass wählt das Bild des Krebsgangs, durch den Titel an prominentester Stelle des Buches als eine Art Erzählprinzip festgehalten, um seine Erzählweise zu veranschaulichen.
In der Novelle kommen mehrere Stellen vor, in denen die „Erzählweise des Krebsgangs“ angesprochen wird:
Zum Teil gibt es Übereinstimmungen zwischen Novelle und Interview bis in die Wortwahl.
Halten Sie die wichtigen Merkmale der „krebsigen“ Erzählweise in Stichworten fest.

2 Wesentliche Elemente der Erzählweise in der Novelle sind offensichtlich Erzählabbrüche und die Verschränkung verschiedener Handlungslinien und -episoden. Zeigen Sie beispielhaft am fünften Kapitel, wie die wichtigen Geschehnisse, die Erzählorte und die verschiedenen Zeitebenen collageartig miteinander verbunden sind.
Geben Sie den einzelnen Teilen des fünften Kapitels Überschriften und notieren Sie Zeit- und Raumangaben.

3 Welche Wirkung hat diese Erzählweise auf die Leserinnen und Leser?

Erzählweise und Sprache

Erzählweise

Die Art und Weise, in der Paul Pokriefke die Geschichte des Untergangs der „Wilhelm Gustloff" erzählt, ist ein wichtiges Merkmal der Novelle und entscheidend für ihr Verständnis. Die Erzählweise bewirkt den kritischen und distanzierten Blick der Leserinnen und Leser auf die Vorgänge und Ereignisse, die mit dem 30. Januar 1945 zu tun haben. Der Autor wählt dafür das Bild der Vorwärtsbewegung eines Krebses. Die „krebsige" Erzählweise ist sein Mittel die Geschichte der „Gustloff" mit Vor- und Nachgeschichte collageartig aufzufächern, Fakten und Fiktion miteinander zu mischen, spiegelbildliche Wiederholungen einzubauen, mit Erzählabbrüchen und der Verschränkung von Handlungselementen ein mehrdimensionales Strukturgebilde zu errichten, die Figuren nicht schwarz-weiß darzustellen, sondern mit Grautönen lebendig werden zu lassen. Mit anekdotenhaften Einschüben, Rückverweisen und mit einem Hin- und Herspringen zwischen verschiedenen Zeitebenen, Orten und Handlungslinien wird ein komplexes, mehrdimensionales Bild der Ereignisse gezeichnet, die zum Untergang der „Gustloff" geführt und sich daraus für den Erzähler und die anderen Figuren der Geschichte ergeben haben.

1

Übereinstimmung	
Novelle	**Interview**
„schrägläufig", „ein scheinbares Zurückgreifen", „rückwärts krebsen, um voranzukommen"	„ein schräg versetztes Vorankommen", „nach Art der Krebse, die den Rückwärtsgang seitlich ausscherend vortäuschen"

Merkmale dieser Erzählweise

eine Erzähllinie immer wieder unterbrechen, parallele Erzähllinien einführen, den Erzählgegenstand „umkreisen" und so scheinbar langsam werden, in Wirklichkeit jedoch der Geschichte Mehrdimensionalität geben, zwischen Orten und Zeitebenen hin- und herspringen

2 Vorbemerkungen des Erzählers, u. a. zu Tulla – Nemmersdorf, „Inbegriff alles Schrecklichen"/1945 – Konnys Website: Passagiere und Ausrüstung der „Gustloff"/Mutmaßungen über Konnys Motive der Darstellung – Flüchtlinge und die „Gustloff"/1945 – Tulla und ihre Eltern an Bord des Schiffs/Tulla auf der Wöchnerinnenstation/1945 – die Kapitäne der „Gustloff"/1945 – Marinesko/das russische U-Boot/1945 – Film „Nacht fiel über Gotenhafen"/Berlin um 1960 – Mutmaßungen über Tulla an Bord der „Gustloff" – „das verdammte Datum"/Konny bei Tulla/Konny und David, „dieser entweder frei erfundene oder irgendwie leibhaftige Stichwortgeber" – Rollenspiele im Internet – Querelen auf der Brücke der „Gustloff"/30. Januar 1945 – Marineskos U-Boot/30. Januar 1945

Ein ähnlicher die Handlungslinien miteinander verschränkender Aufbau wie im fünften Kapitel kann auch in den anderen Kapiteln nachgewiesen werden.

3 Der collageartige Aufbau der Novelle, das Erzählen in Linien, die immer wieder abgebrochen, durch andere unterbrochen werden, verlangen von den Leserinnen und Lesern, dass sie die einzelnen Erzählteile wie ein Puzzle zusammensetzen, und verhindern letztlich ein identifikatorisches Lesen und emotionales Eintauchen in den Text. Die Leserinnen und Leser werden auf eine innere Distanz gedrängt zu dem, was ihnen erzählt wird. Die Erzählweise bewirkt eine Haltung, in der sich die aufklärerische Wirkung eines Textes wie der Novelle *Im Krebsgang* erschließt.

G. Grass hat sich in zahlreichen Aufsätzen mit seiner schriftstellerischen Tätigkeit auseinander gesetzt. In dem folgenden Ausschnitt betont er die aufklärerische Funktion seiner Texte:

„Mehr noch, Literatur kann, wenn nach Schuld und Mitschuld gefragt wird – und diese Frage bewegt, solange geschrieben wird, – keine nur klassenspezifische, theologische oder sonst wie im Dienste einer Ideologie verarmte Antwort geben, vielmehr wird Literatur immer und immer dann, wenn sie nicht nur bestätigen will, die klassenspezifischen, theologischen und sonst wie ideologisch erzwungenen Übereinkünfte in Frage stellen. Literatur stört, verstört. Literatur kann sich nicht nützlich machen wollen, weil ihr Nutzen im Widerspruch zum Nützlichkeitsgebot steht. Deshalb wird Literatur überall dort, wo kurzerhand Klarheit herrscht, zu herrschen hat, aufklären, indem sie Dunkelheit nachweist, dunkel ist, sein muß."
(Der lesende Arbeiter. In: G. Grass.: Essays und Reden II. Göttingen: Steidl 1997, S. 380)

Erzählweise und Sprache

Günter Grass und die Sprache

Diese beiden Wortrecherchen stammen aus den Jahren 1961/1962, als G. Grass im Vorfeld der Niederschrift seines Romans *Hundejahre* Spracherkundungen und Sprachassoziationen zu Papier gebracht hat:

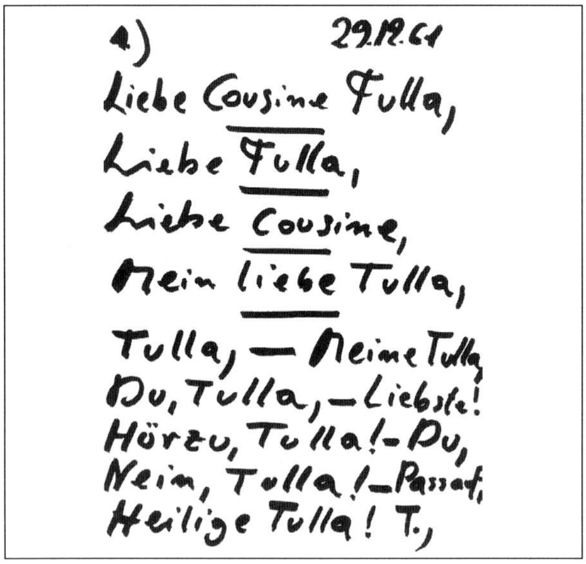

Günter-Grass-Archiv, Sign. 143

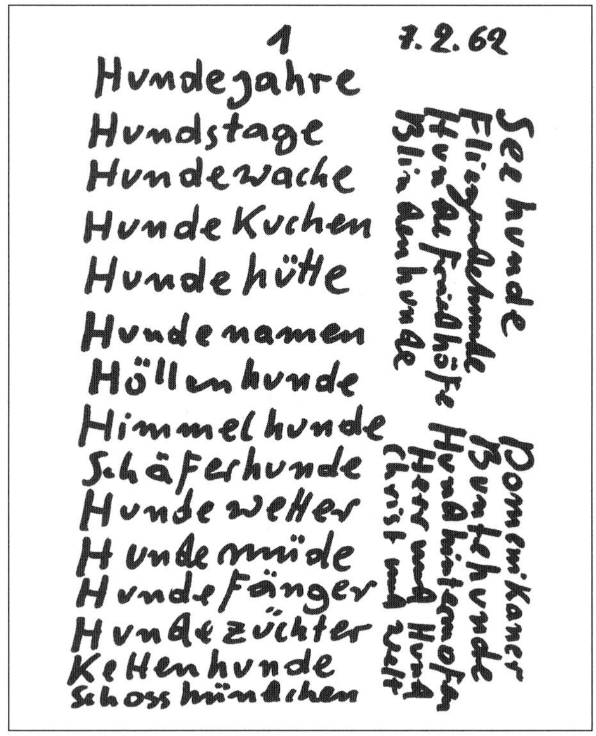

Günter-Grass-Archiv, Sign. 143.5

1 Welche Absicht vermuten Sie hinter diesen Sprachspielen?

2 Versuchen Sie Ähnliches mit einem der folgenden Wörter: Krebs, Schiff, Untergang.

3 In einem an seinen Verleger Gerhard Steidl adressierten Brief vom 26. November 1996 begründet G. Grass, warum er es ablehnt, dass seine Werke in neuer Rechtschreibung (nach)gedruckt werden.
Welche Vorzüge der deutschen Sprache hebt G. Grass besonders hervor und wie sieht er die Rolle der Schriftsteller?

Günter Grass

Brief an den Verleger

[…] wird deutlich, daß meine Romane, Erzählungen und Gedichte, sollten sie weiterhin für den Schulgebrauch benutzt werden, erheblichen Eingriffen und Entstellungen ausgesetzt wären. Gleiches trifft natürlich auf eine Vielzahl deutscher Autoren zu, die, wie ich, unsere Sprache als etwas Lebendiges, das heißt auch kreativ Veränderbares begriffen haben – und das aus bester Tradition. Von Luthers Bibelübersetzung über die Autoren der Barockperiode, der Klassik (Herder) und Nachklassik (Jean Paul) bis hin zu Arno Holz, den Autoren des Expressionismus und, ihnen folgend, Arno Schmidt, Wolfgang Koeppen, haben deutsche Schriftsteller unsere Sprache geprägt, sie vor Verkrustung und bürokratischer Reglementierung bewahrt. Hinzu kommt, daß die deutschsprachige Literatur bereichert ist durch regionale Vielgestalt, die weitaus differenzierter ist, als unser föderalistisches System zu erkennen gibt. Diese Vielgestalt hat durchaus eigensinnigen Ausdruck gefunden, und zwar bis in die Rechtschreibung hinein. […]
Die deutsche Sprache ist weich, formbar und gewiß auch verführbar. Sie sucht sich immer wieder neuen Ausdruck und greift dabei auch auf ältere Sprachmuster zurück. Nicht ohne Grund haben deshalb Umgangssprache und Dialekte Einlaß in die Literatur gefunden. Anders als in Frankreich ist uns keine staatskonforme und sprachregelnd wirkende Institution übergeordnet. […] gebe ich Dir Vollmacht, dieses Nein auf alle Nachdrucke aus meinem literarischen Werk, so auch in Schulbüchern, anzuwenden.

Essays und Reden III. 1980–1997. Göttingen: Steidl 1997, S. 462 f.

4 Schreiben Sie aus der Novelle Wörter, Wendungen, Sätze heraus, die Ihnen ungewöhnlich und bemerkenswert erscheinen, und übertragen Sie diese auf ein Plakat. Sie müssen dabei nicht systematisch vorgehen.

Erzählweise und Sprache

Günter Grass und die Sprache

„Es gibt Forscher, die Satzlängen ausmessen, Leitmotive wie Schmetterlinge spießen, Wortfelder beackern, Sprachstrukturen als Erdschichten abtragen, das Konjunktivische psychologisch ausloten, am Fiktiven grundsätzlich zweifeln und das Erzählen von Vergangenem als gegenwartsfeindliches Fluchtverhalten entlarvt haben; [...]." (Günter Grass: *Der Butt*) Gewiss sind Schülerinnen und Schüler keine Forscher und sie sollen auch keine sprachlichen Erdschichten abtragen, aber ein genauerer Blick auf die sprachlichen Mittel, deren sich G. Grass bedient, kann eine vorwiegend inhalts- und strukturbezogene Analyse ergänzen und abrunden.
G. Grass und sein Werk waren und sind – nach der Verleihung des Literatur-Nobelpreises allerdings seltener – in vielerlei Hinsicht umstritten; von Anfang an aber stand G. Grass' Sprachkompetenz außer Frage. Im Gegenteil: Geradezu hymnische Zustimmung wurde ihm wegen seiner Sprachvirtuosität zuteil. Bezogen auf die Danziger Trilogie nannte man ihn „Sprachhexenmeister, dem alle guten Geister der Formulierung zu Gebote stehen, der schreibend nuscheln, murmeln, bühnenklar artikulieren kann" (Toni Meissner). Die Rede ist von G. Grass' perfekter Herrschaft über die Wörter; „er führt sie im Schritt, im Strecksprung, im Trab und im Galopp vor, elektrisiert sie, atomisiert sie durch Spaltung wie durch Fusion" (Richard Kluger). Gelobt werden seine „Hellhörigkeit für sprachliche Nuancen" oder seine „genaue Kenntnis der lebenden Sprache" (Heiko Büscher). (Zitiert nach Thomas Angenendt: Wenn Wörter Schatten werfen. Untersuchungen zum Prosastil von Günter Grass. Frankfurt a. M.: Lang 1995, S. 13).
Auch wenn G. Grass in seinem Spätwerk *Im Krebsgang* nicht die sprachliche Dichte und Originalität der Danziger Trilogie erreicht, so gibt es doch Kontinuitäten: Nach wie vor greift er in hohem Maße auf die Sprache des Alltags zurück, schreibt umgangssprachlich und bevorzugt häufig eine Sprechsprache; er differenziert die Sprache je nach Herkunft, sozialer Stellung oder Situation einer Person. Er lässt Gruppen in ihrer eigenen Sprache agieren um so das beschriebene Milieu auch sprachlich zu vergegenwärtigen. Innovative Wortbildungen, sprachliche Verfremdungen, der Rückgriff auf Sprichwörter und Redensarten, Sprachspiele, der elliptische Satzbau, vor allem aber eine ausgeprägte Metaphorik und Bildhaftigkeit tragen wesentlich zur Modernität und Ausdruckskraft seines Prosastils bei.

1 G. Grass notiert solche Sprachspiele wie bei einem psychologischen Sprachtest bereits vor Beginn der Niederschrift seiner ersten Romanfassung. Im Falle der Anredeformel vergewissert er sich der Vielfalt möglicher Wendungen und erkundet den Grad von Expressivität, die sich durch Sprache mitteilen lässt. Die Wortfeldliste „Hund" – abgedruckt ist nur ein Teil – zeigt, dass er die „Variationsbreite und die Dynamik eines Motivs" erprobt um sicher zu gehen, dass es ein umfangreiches Epos auch wirklich tragen kann.

4 Ein Plakat mit sprachlichen Auffälligkeiten könnte folgendermaßen aussehen:

Weißhaarige Gedanken (S. 212)

kackbraun aufgehende Saat (S. 32)

scheißliberale Weise (S. 21)

Schnitzeljagden im familiären Gehege (S. 193)

Binnichtzuhausegesicht (S. 50)

Was soll das Gesülze! (S. 83)

Krebsgang, krebsen

ein Wort aus der Sinn- und Klangfibel der Erhabenheit (S. 35)

olle Kamellen breittreten (S. 72)

Weiß der Teufel, wer Mutter dickgemacht hat ... wer sie gestoßen hat (S. 151)

Feindfreund (S. 119)

dieses verflucht zähe Miststück (S. 19)

wahres Bild im Frame (S. 202)

Tulla – ein Irrlicht (S. 193)

Landgangstrinker (S. 81)

Vater „Gibtesnicht" (S. 143)

schwimmt im Internet und macht virtuelle Wellen (S. 63)

Erzählweise und Sprache

Sprachformen in der Novelle

Aspekt Aufgabenstellung	Erläuterungen Hinweise
A Stilhöhe 1 Stellen Sie sprachliche Elemente zusammen, die von der normal-sprachlichen Stilschicht abweichen. 2 Bestimmen Sie die jeweilige Stilhöhe und deren Wirkung und Funktion im Kontext.	– Ein Beispiel für unterschiedliche Stilhöhen: ableben, entschlafen, dahinscheiden – sterben – abkratzen – krepieren, verrecken. – Innerhalb der umgangssprachlichen Schicht können Sie noch einmal unterscheiden zwischen z. B. normal-umgangssprachlich, salopp- oder vulgär-umgangssprachlich.
B Dialekt 1 Sammeln Sie Beispiele (Wortwahl und Satzbau) für eine mundartlich geprägte Sprache, lesen Sie Textpassagen in Mundart laut vor, sprechen Sie sie auf Kassette. 2 Wie beeinflusst das mundartliche Schreiben Ihr Lesen und Ihre Einstellung zum Text insgesamt?	– mundartliche Passagen laut lesen, auf Kassette sprechen – Mundart in normalsprachliches Hochdeutsch umformulieren und Veränderungen in der Wirkung beobachten – Zusammenhang zwischen sozialer Stellung der Figur und mundartlichem Sprechen
C Fachsprache 1 Bestimmte Themen und Gegenstände spielen in der Novelle eine herausragende Rolle; z. B. der Journalismus, Schiffe und Maritimes, moderne elektronische Medien. Wählen Sie den Bereich „Computer und Internet“ und untersuchen Sie, inwieweit der Gegenstand die Sprachgebung beeinflusst. 2 Wie sehr befindet sich G. Grass bei diesem Thema sprachlich auf der „Höhe der Zeit“?	– Fremdwörter – Stellenwert von Anglizismen und Gebrauch in konkreten Verwendungssituationen untersuchen – Gibt die Art, wie sich G. Grass des Fachwortschatzes bedient, Hinweise auf seine Haltung gegenüber der Sache selbst?
D Bericht- und Erzählstil G. Grass selbst spricht von einem „Spannungsverhältnis von berichtendem Ton und erzählendem Ton“. Untersuchen Sie, wie sich das Spannungsverhältnis sprachlich manifestiert.	– Beachten Sie besonders die Übergänge zwischen berichtenden und erzählenden Teilen. – Welche Bedeutung haben Konjunktiv I und formelhafte Wendungen für den Berichtstil?
E Bildhaftigkeit 1 Untersuchen Sie die Bildhaftigkeit der Sprache. 2 Bestimmen Sie an ausgewählten Beispielen die Wirkung der Bilder.	– Beziehen Sie auch metaphorisch gebrauchte Verben und Adjektive mit ein. – Drückt sich in den Bildern eine Stellungnahme aus?

1 G. Grass gilt als ein sprachmächtiger Autor. In der Übersicht sind einige Aspekte zur Analyse seiner Sprache und seines Stils aufgeführt. Wählen Sie ein Thema und bearbeiten Sie es in Gruppenarbeit. Für alle Aufgabenstellungen gilt, dass zusätzlich zu Materialsammlung und Stilbeschreibung geklärt wird, welche Bedeutung die Stilelemente für das Erzählganze und welche Wirkung sie auf die Leserinnen und Leser haben.

2 Zusammenhängende Texte und längere Äußerungen haben einen „Stil“, lassen bestimmte Stilzüge erkennen; die Sprache kann z. B. **knapp** oder **ausführlich**, **sachlich** oder **gefühlsbetont**, **bildhaft** oder **bildlos**, **statisch** oder **dynamisch**, **gehoben** oder **salopp**, **kraftvoll-derb** oder **vornehm-zurückhaltend** sein. Beschreiben Sie mit Hilfe dieser und weiterer Charakterisierungen Ihren vorherrschenden Eindruck vom Stil des Erzählers Günter Grass.

Erzählweise und Sprache

Sprachformen in der Novelle

A Dadurch, dass G. Grass einen Journalisten als Rollenerzähler wählt, schafft er eine günstige Voraussetzung um einen umgangssprachlichen Grundton anschlagen und, da bei einem Journalisten Sprachkompetenz und Sprachflexibilität zu unterstellen sind, die Stilhöhe vielfältig variieren zu können.
Nicht nur in der Figurenrede des jungen Konny oder der alten Tulla, sondern auch in der des erzählenden und berichtenden Paul Pokriefke gibt es zahlreiche Abweichungen von der dominierenden „normalen“ Umgangssprache.
Ein typisches Beispiel findet sich auf Seite 151: Zu Beginn des Kapitels 7 setzt sich der Erzähler mit seiner Vaterlosigkeit und seinem Geburtstrauma auseinander und berichtet von den Ratschlägen seines „Arbeitgebers“. Die Textpassage ist durchweg umgangssprachlich abgefasst, hat jedoch salopp klingende Einsprengsel (das Zitat „‚mit Blick auffen Knochenberj‘“ oder „Besten Dank! Verzichte auf Erklärungen.“) und ist durch vulgärsprachliche Elemente angereichert („Weiß der Teufel, wer Mutter dickgemacht hat“, „wer sie gestoßen hat“). Die verachtend-ordinäre Sprache über den Zeugungsakt kontrastiert mit dem vermeintlich „erhabenen“ Zustand einer Mutterschaft, setzt sie herab. Die Vulgärsprache verfremdet und bewirkt Desillusionierung, trägt dazu bei, Paul Pokriefkes Haltung gegenüber der Mutter schlagartig auf drastische Weise sprachlich zu beglaubigen. (In den Kontext „Desillusionierung“ gehört, dass G. Grass die Zeugung „‚mit Blick auffen Knochenberj‘“, vermutlich das KZ Stutthof, geschehen lässt.)
Auffällig ist die große Zahl vorgeprägter, z.T. verfremdeter Sprachmuster (Sprichwörter, Redensarten, Schlagwörter, Zitate), z.B. „Mehr zum Lachen als zum Kotzen“ (S. 8), „klopfte [...] markige Sprüche“ (S. 8), „vorbei mit lustig“ (S. 80).

B G. Grass lässt vor allem Tulla, vereinzelt auch ihre Freundin Jenny, ganz selten den Erzähler (wenn er zitiert) mundartlich sprechen. Tulla kann sich zwar auch hochsprachlich mitteilen, etwa vor Gericht, bevorzugt aber das Danziger Platt ihrer Jugendzeit. Durch den Dialekt verleiht G. Grass seiner Novelle ein bestimmtes Zeit- und Lokalkolorit und lässt Tulla als eine Repräsentantin einer vergangenen Epoche und als Frau aus einfachen Verhältnissen erscheinen. Da solche dialektalen Formen den heutigen Leserinnen und Lesern, eher fremd sind, sie höchstwahrscheinlich nicht mehr den Klang der Sprache vieler ehemaliger Flüchtlinge und Vertriebenen im Ohr haben, dürften sie eher Distanz als Nähe schaffen und Tulla zu einer exotischen Figur machen.

C Der Grass'sche Prosastil gilt als variabel und polyfunktional, was sich u. a. darin äußert, dass der Autor versucht die Sprache den jeweiligen Stoffen, Themen, Motiven und Einzelsituationen anzupassen. In seiner Novelle *Im Krebsgang* etwa beherrscht er die Mundart einer Tulla ebenso wie den Jargon der rechtsradikalen Szene oder die Sprache des Dritten Reiches. Besonders auffällig ist der Gebrauch zahlreicher Fachtermini aus der Computerwelt: Mit „Browser“ und „Hyperlink“, „Mausklick“, „Chatroom“, „Pornosites“, „surfen“ und „Homepage“, „Suchwort“ und „Adresse“ führt er gleich am Anfang (S. 8) den Nachweis von (sprachlicher) Fachkompetenz. Die Einbeziehung vieler Anglizismen ist für G. Grass eher ungewöhnlich. Im weiteren Verlauf der Novelle verwendet er aber die Fachtermini in sprachlichen Zusammenhängen, die die Sache oder die Beteiligten fragwürdig erscheinen lassen, sie z. T. auch lächerlich machen (z. B. Cyberspace-Turner, S. 88). (Vgl. KV 18.)

D Jene Teile der Novelle, die der Faktizität verpflichtet sind, unterscheiden sich von anderen Passagen durch einen sachlicheren, nüchterneren Sprachduktus. Oft werden historische Ereignisse einfach wie ein Abriss in einem Geschichtsbuch berichtet (vgl. z. B. S. 120 ff.) , manchmal kommt es zu Kommentierungen des Erzählers (z. B. der Hinweis auf Thomas Manns *Zauberberg*, S. 9), hin und wieder zitiert der Erzähler, mehrfach unterstützt er die Bezugnahme auf fremde Quellen durch den Gebrauch des Konjunktivs („Es heißt, weil fortwährend kränkelnd und deshalb an Konzentrationsschwäche leidend, sei er beim Physikum [...]“, S. 16)

E *Im Krebsgang* ist angesichts der umfangreichen Einbeziehung authentischen Materials bei weitem nicht so reich an Bildern wie die Frühwerke von G. Grass. Die Bildkräftigkeit ist aber auch in diesem Alterswerk unverkennbar. Einige Beispiele: „im Ohr nistende Wortwörtlichkeit“ (S. 19), der „kackbraun aufgehenden Saat diente einunddasselbe Köpfchen als Mistbeet“ (S. 32), „habe ich [...] mich wie eine Fundsache entdeckt“ (S. 78), „die gefräßige, immerfort jetztjetztjetzt sagende Gegenwart“ (S. 77), „Die Geschichte [...] ist ein verstopftes Klo. Wir spülen und spülen, die Scheiße kommt dennoch wieder hoch.“ (S. 116), „meine windschiefe Existenz“(S. 151), „Schnitzeljagden im familiären Gehege“ (S. 193), „weißhaarige Gedanke“ (S. 212). Oft belebt G. Grass abstrakte Begriffe durch Verben („Wortwörtlichkeit nistet“) und Adjektive („Existenz ist schief“) und schafft so seine einprägsamen Bilder.– Weitere Aspekte einer Sprachbetrachtung könnten sein: Zusammenschreibung bzw. Wortbildung – Auslassungspunkte – Satzbau, besonders der Anteil von Parataxen und Hypotaxen – Ellipsen.

Fakten und Fiktion

Historische Authentizität

Günter Grass verarbeitet in seiner Novelle einen historischen Stoff. Er erfindet eine Geschichte, in der Personen agieren, die z. T. aus früheren Romanen bekannt sind, in der aber auch authentische Figuren eine große Rolle spielen. Alle Autorinnen und Autoren, die in ihren Texten von konkreten historischen Ereignissen und Personen erzählen, stehen, wenn sie nicht ausschließlich auf eigenes Erleben oder persönliche Erfahrungen zurückgreifen, vor dem Problem sich sachkundig machen zu müssen. Deshalb stellen sie oft umfangreiche Nachforschungen über historische Fakten und Situationen an. Von G. Grass ist bekannt, dass er wissenschaftliche Mitarbeiter beschäftigt, die ihm zuarbeiten, z. B. für ihn recherchieren.

Recherche
Der Begriff Recherche stammt von dem französichen Wort recherchen (zurück + suchen). Es geht darum, etwas aufzufinden bzw. wiederzufinden, was schon vorhanden ist. Das Ziel der Recherche ist das Sammeln von Informationen, die es erlauben, die Wirklichkeit wiederzugeben und möglicherweise als wahr zu bestätigen. Recherche gehört zum journalistischen Handwerk und meint vereinfacht Nachforschung bzw. Ermittlung; sie spielt auch beim wissenschaftlichen Arbeiten eine wichtige Rolle.

Ein hervorstechendes Merkmal der Novelle *Im Krebsgangs* ist, dass G. Grass viele seiner Quellen nicht nur erwähnt, sondern in ungewöhnlich großem Umfang die Ergebnisse seiner Recherchen referiert und so die „Quellen“ zum konstitutiven Merkmal der Novelle macht.

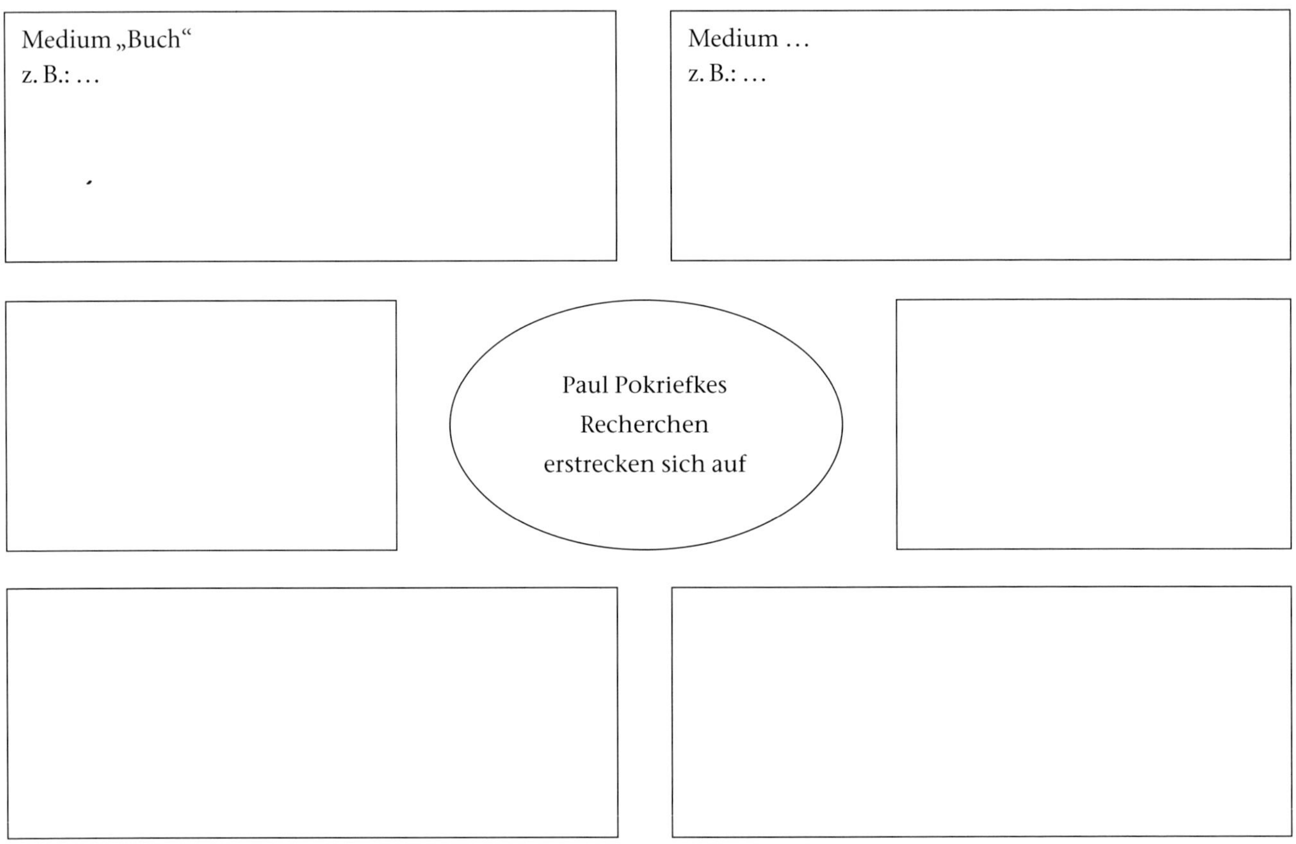

1 Auf welche Medien lässt Günter Grass seinen Rollenerzähler Paul Pokriefke zurückgreifen? Welche Quellen werden ganz konkret benannt? Ergänzen Sie die Übersicht.

2 Nennen Sie Beispiele dafür, dass es für die Leserinnen und Leser schwierig sein kann, zu entscheiden, ob es sich um authentisches oder um fiktives Material handelt.

3 Untersuchen Sie, wie der Erzähler den Eindruck von Authentizität hervorruft.

Fakten und Fiktion

Historische Authentizität

Günter Grass versucht in seiner Novelle einen schwierigen Spagat: Auf der einen Seite will er Geschichte (sowohl die länger zurückliegende als auch die neueste) als individuell Erlebtes erzählen und bedient sich dazu der Fiktion, auf der anderen Seite kommt es ihm auch auf eine umfassende Vermittlung von historischen Fakten an. Das individuelle Gedächtnis (etwa einer Tulla Pokriefke) wird in ein kollektives Gedächtnis eingebettet. Damit steht der Wahrheitsanspruch der individuellen Erinnerung auf dem Prüfstand, wird relativiert und auch korrigiert. Mehr noch als der Umfang, mit dem G. Grass nichtfiktives Material einbezieht, springt die Art und Weise, wie er es seinen Leserinnen und Lesern vermittelt, ins Auge. Er lässt den Rollenerzähler Paul Pokriefke nicht nur Abrisse historischer Abläufe geben (S. 38 f., 113, 123, 156), sondern auch den Inhalt von Büchern, Filmen, Verlautbarungen referieren; teilweise zitiert er wörtlich, manchmal unter Angabe der genauen Fundstelle. Große Teile der Novelle stehen scheinbar unter dem Zwang, dass die Authentizität immer wieder beglaubigt werden muss, was den Lesefluss nicht gerade befördert und was G. Grass auch viel Kritik eingebracht hat.
Der Rückgriff auf historisch beglaubigte Personen und auf nachweisbar authentische Materialien bedeutet nicht, dass wir es etwa mit dokumentarischer oder nonfiktiver Literatur zu tun hätten. Das Faktische bleibt eingebunden in Fiktion. (Vgl. auch KV 20.)

1 Medium „Buch"
- Streitschrift von Diewerge. München: Eher Verlag 1936 (S. 14)
- Emil Ludwig: Der Mord von Davos. Amsterdam: Querido 1936 (S. 17)
- Bücher von Heinz Schön (S. 61 f.)
- Taschenbuch der Engländer Dobson, Miller, Payne (S. 115)
- Thomas Mann: Der Zauberberg (S. 9)

Medium „Film"
- „Nacht fiel über Gotenhafen" von Frank Wisbar (S. 135 f.)
- Film des Regisseurs Lyssy über David Frankfurter (S. 68 f.)
- „Der Untergang der ‚Titanic'" (S. 63, 113, 134)
- „Kolberg" (S. 154)

Medium „Zeitung"
- „Neue Zürcher" (S. 24)
- „Basler Nationalzeitung" (S. 24)
- „Völkischer Beobachter" (S. 36)
- „Daily Telegraph" v. 12. 4. 1938 (S. 64)
- allgemein: Tageszeitungen

Paul Pokriefkes Recherchen erstrecken sich auf

Medium „Rundfunk"
- Deutscher Rundfunk (S. 34)
- Großdeutscher Rundfunk (S. 119)

Offizielle Verlautbarungen
- allgemein: in mir vorliegenden Papieren (S. 85)
- Anweisung der Kreisleitung NSDAP Schwerin (S. 166)
- Brief des Oberbürgermeisters von Schwerin (S. 167)
- offizielle Berichte der baltischen Rotbannerflotte (S. 168)

Augenzeugenberichte (authentischer Personen)
z. B. Heinz Schön (S. 61)
andere Überlebende (S. 119)

Die Übersicht kann ergänzt werden durch „Fotografien", „Postkarten", vor allem durch „Internet und Chatroom". So fassettenreich die Wirklichkeit in der Novelle erscheint, so vielfältig sind die von G. Grass berücksichtigten Möglichkeiten ihrer medialen Vermittlung und Rezeption.

2 Nur die mit der Materie gut vertrauten Leserinnen und Leser können einschätzen, ob die Authentizität des Materials tatsächlich gegeben ist oder ob die Hinweise des Erzählers lediglich ein „Trick" sind um den Eindruck von Glaubwürdigkeit zu erwecken. Besonders groß ist der Zweifel, wenn G. Grass das Internet als Quelle von Informationen nennt.

3 Umfassendere Textzitate, in den Text einfließende Teilzitate, die zusammenfassende Wiedergabe von Gelesenem, Gehörtem, Gesehenem (vereinzelt als indirekte Rede mit Konjunktiv), Nennung der Quellen, zum Teil mit exakten bibliografischen Angaben.

Berichtstil: Überwiegend sachliche Wiedergabe des Inhalts der Quellen, allerdings mit vereinzelten ironischen Einsprengseln und Kommentierungen des Erzählers.
Geradezu zwanghaft lässt G. Grass seinen Rollenerzähler Paul Pokriefke auf Sprachformeln zurückgreifen, die die Einbeziehung des Nichtfiktionalen betonen. Dieser Effekt wird auch dadurch erzielt, dass der Wahrheitsgehalt von Informationen in Frage gestellt oder die Unsicherheit des Chronisten zum Ausdruck gebracht wird, z. B.: „vermutend nur steht hier" (S. 15), „Es heißt, […]" (S. 16), „Was wird er geraucht haben?" (S. 22), „So wird, so kann es gewesen sein. So ungefähr ist es gewesen." (S. 101), „Ich kann nur mutmaßen" (S. 128), „Ich kann nur berichten, was […]" (S. 137)

Fakten und Fiktion

Erfundene Geschichten

Irmgard Nickel-Bacon

Fiktion

Fiktion wird hergeleitet aus lat. „fictio", der Substantivierung von „fingere": sich vorstellen, erdichten, sich verstellen.
1 Alltagssprachlich bezeichnet Fiktion das Gegenteil von Wirklichkeit, also Irrealität. In der geläufigen Frage nach „Fiktion oder Wirklichkeit?" impliziert Fiktion eigentlich die These, dass ein bestimmter sprachlich oder medial vermittelter Inhalt unwirklich oder irreal, nicht realitätsentsprechend sei.
2 Der deutsche Begriff Fiktion wird außerdem als Synonym für Fiktionalität gebraucht und bezeichnet dann eine Eigenschaft, die einem Text oder Medienprodukt insgesamt zugeschrieben wird. Dazu zählen in der Regel Romane, Novellen, Kurzgeschichten, aber auch Balladen, Dramen und Spielfilme. Der Gegensatz von Fiktionalität ist nicht Wirklichkeit, sondern Nonfiktion, [...]. Geschichtsbücher, Lexikoneintragungen, Zeitungsartikel und Dokumentarfilme sind Beispiele für Nonfiktion.
Halten wir also fest: Fiktion kann sowohl Fiktionalität (eines gesamten Textes bzw. Medienproduktes) als auch Fiktivität (einzelner Textelemente) meinen. Einzelne Inhalte lassen sich entsprechend als fingiert oder fiktiv bezeichnen, wenn sie irreal sind. Sie finden sich in fiktionalen wie in nonfiktionalen Werken.

Vom Spiel der Fiktionen mit Realitäten.
In: Praxis Deutsch 180 (Juli 2003), S. 6

1 Welche Teile der Novelle lassen sich eindeutig dem Fiktionalen zuordnen?

____

____

____

2 Lesen Sie die Textstelle „Nur spaßeshalber und um mich auszuprobieren, versuche ich jetzt, mir vorzustellen, wie meine Wenigkeit als Journalist reagiert hätte, [...]" (S. 58–60), und bestimmen Sie mit Hilfe der o. a. Begriffserläuterung ihren erzähltechnischen Stellenwert.

____

____

3 Man sagt, dass die Rezipientinnen und Rezipienten von fiktionalen Texten ein Fiktionsbewusstsein haben, dass sie gewissermaßen einen Vertrag mit der Autorin oder dem Autor schließen, der während des Lesens die „willentliche Aussetzung der Ungläubigkeit" (Eco/Nickel-Bacon) beinhaltet: Die Leserinnen und Leser akzeptieren, dass das, was sie lesen, eine ausgedachte Geschichte ist, und unterstellen nicht, dass es sich um eine Lüge handelt.
a Nennen Sie Beispiele, die die behauptete Unterscheidung von Fiktion und Lüge veranschaulichen und glaubhaft machen.
b Wie wirkt es sich auf den Lesevorgang aus, wenn, wie G. Grass es tut, der Autor selbst die Fiktion ständig außer Kraft setzt?
c Was für Leserinnen und Leser wünscht sich Günter Grass vermutlich?

4 „Aus Geschichten wird Geschichte" oder „Aus Geschichte werden Geschichten"?
Welche der beiden Alternativen wird der Novelle *Im Krebsgang* eher gerecht?

5 Schlagworte
- „eine von politischen Erwägungen überformte, wie Sekundärliteratur anmutende Recherche" (Ulrich Raulff)
- „Grass' docufiktionaler Zweikomponentenkleber"
- „gelungene Mischung aus postmoderner Vielstimmigkeit und anschaulichem Erzählen" (Ingo Arend)

Ihre Meinung als Schlagwort zu der von G. Grass praktizierten Verschränkung von Fakten und Fiktion:

____

Fakten und Fiktion

Erfundene Geschichten

1 Wilhelm Gustloff, David Frankfurter und Kapitän Marinesko sind historisch verbürgte Personen, Tulla, Paul und Konrad Pokriefke bilden das Personal der fiktionalen Handlung. Die Konstellation von Großmutter, Sohn und Enkelsohn lässt eine Familiengeschichte vermuten. Diese Annahme ist insofern richtig, als das Verhältnis der drei Generationen zueinander thematisiert wird und so etwas wie ein Leitfaden ist, der die gesamte Novelle durchzieht, wobei das Verhältnis zwischen Vater und Sohn, allein weil es den Schluss der Novelle trägt, einen besonderen Stellenwert hat. Aufs Ganze gesehen aber ist der fiktionale Teil der Novelle eine „immer wieder neu angerissene und im Ganzen erzählerisch versenkte Familiengeschichte" (taz v. 20. 2. 2002). Das liegt auch daran, dass das Fiktionale so stark darauf ausgerichtet ist, Geschichte zu rekonstruieren, Informationen zu transportieren, aufklärerisch und belehrend, geradezu didaktisch zu sein.

2 Diese Textstelle fällt erzähltechnisch aus dem Rahmen. G. Grass will die Leserinnen und Leser über die genaueren Umstände der Probefahrt der „Wilhelm Gustloff" informieren. Er rekonstruiert und vermittelt dieses historische Ereignis, indem er Paul Pokriefke sich vorstellen lässt, dass er an der Probefahrt teilgenommen und wie er sich als Journalist verhalten hätte. Innerhalb der Fiktionalität erscheint das vermittelte historische Ereignis als bloß gedacht, als irreal und damit fiktiv. Der Gebrauch des Konjunktivs II bestätigt Irrealität und Fiktivität. Bemerkenswert ist, dass G. Grass zwischen Konjunktiv und Indikativ wechselt. Aussagen, die die (nur vorgestellte) Rolle Paul Pokriefkes betreffen, erscheinen im Konjunktiv-Modus, Mitteilungen über das Schiff und die Abläufe der Probefahrt dagegen im Indikativ, bekommen also, obwohl ausdrücklich Bestandteil einer fiktiven Vorstellung, größere Authentizität zugesprochen und sind somit „gegenwärtiger", erscheinen „realer".
Diese Textstelle kann die doppelte Bedeutung des Begriffs Fiktion veranschaulichen und als ein Beispiel dafür gelten, dass sich fiktive Textelemente auch in fiktionalen Werken finden (vgl. auch die fiktive Alternativbiografie, S. 143). Diese ist noch aus einem anderen Grund interessant, zeigt sie doch, wie raffiniert der Autor mit den Zeitebenen spielt: Indem er, wenn auch nur als gedankliches Experiment, Paul Pokriefke aus der Zeit um 1998/99 ins Jahr 1937 zurückversetzt, kann das historische Ereignis kritisch hinterfragt und die damit verbundene Propaganda mit dem Wissen um die zukünftig Entwicklung unterlaufen werden.

3 Wenn z. B. ein Angestellter nach seiner Rückkehr aus dem Urlaub erzählte, er sei im Urlaub eines Morgens auf dem Rücken liegend als Käfer aufgewacht, würde er im günstigsten Fall als „Märchenerzähler" und Lügner, wahrscheinlich aber als geistesgestörter Spinner bezeichnet. Die Leserinnen und Leser von Franz Kafkas Erzählung *Die Verwandlung* aber sind bereit dieses ausgedachte fantastische Ereignis als wahr zu akzeptieren. Offensichtlich gibt es so etwas wie ein Fiktionsbewusstsein, das die „Bereitschaft zur Ko-Konstruktion" (Nickel-Bacon) eines fiktionalen Textes einschließt. Für die Rezeption nichtfiktionaler Texte, für Gespräche auf dem Pausenhof oder am Familientisch oder gar für Auftritte vor Gericht kann die „Aussetzung der Ungläubigkeit" nicht geltend gemacht werden.
G. Grass setzt alles daran, ein identifikatorisches Lesen zu verhindern. Das Neben- und Ineinander von Fiktion und Fakten, die verschachtelte Konstruktion, die komplizierte Erzählstruktur mit zahlreichen Zitaten und Verweisen, die „losen Fäden an allen Ecken und Enden" (taz v. 20. 2. 2002) verhindern das dauerhafte Eintauchen der Rezipientinnen und Rezipienten in die Handlung. Bei aller Freude am Erzählen will G. Grass in erster Linie aufklären und belehren. Aufklärung aber heißt bei G. Grass das scheinbar Eindeutige in Frage zu stellen und Zweifel zu wecken. 1990 sagt G. Grass rückblickend (und nimmt dabei Bezug auf Adornos berühmten Satz: „Nach Auschwitz ein Gedicht zu schreiben ist barbarisch [...]."): „Es galt, den absoluten Größen, dem ideologischen Weiß oder Schwarz, abzuschwören, dem Glauben Platzverweis zu erteilen und nur noch auf den Zweifel zu setzen, der alles und selbst den Regenbogen grau-stichig werden ließ." (Schreiben nach Auschwitz. In: G. G.: Essays und Reden III. Göttingen: Steidl 1997, S. 242) Die erzählerischen Mittel, die G. Grass verwendet, setzen Leserinnen und Leser voraus, die nicht auf eindeutige Ergebnisse und Urteile aus sind. Sie tragen dazu bei, die Überzeugung des Autors, dass es nicht nur *eine* Wahrheit gibt, auch auf der formalen Ebene zur Geltung zu bringen.

4 G. Grass selbst bekennt in einem Interview: „Das Material [zum Untergang der „Gustloff"] wurde immer größer und unübersichtlicher, auch immer trockener, und ich fand keinen literarischen Zugang. Bis ich auf die naheliegende Idee kam, in all das historisch verbürgte Personal, von Gustloff und David Frankfurter bis zu dem U-Boot-Kommandanten Marinesko, eine fiktive Figur einzuführen: Tulla Pokriefke." (Frankfurter Allgemeine Zeitung v. 22. 12. 2003)
G. Grass' Ausführungen legen die Vermutung nahe, dass das Interesse an dem Untergang der „Wilhelm Gustloff" im Vordergrund stand und dass die Fiktionalisierung der Geschehnisse erst durch den Rückgriff auf die Figur der Tulla Pokriefke möglich geworden ist. Und auch der Hinweis auf Umfang und emotionale Tragfähigkeit des Materials kann möglicherweise als ein Fingerzeig in Richtung der Alternative „Aus Geschichte werden Geschichten" gedeutet werden.

Vergangenheit in der Gegenwart

Flucht und Vertreibung

Deutsches Historisches Museum – Bildarchiv

1 Das Foto zeigt Menschen, die im Winter 1944/45 aus Ostpreußen fliehen. Notieren Sie Ihre Eindrücke und Gedanken.

2 **a** Welchen Eindruck vom Flüchtlingselend vermittelt der Erzähler im *Krebsgang*? Welche erzählerischen und sprachlichen Mittel setzt er bei der Schilderung von Flucht und Vertreibung ein? Suchen Sie Textstellen zur Ergänzung.
b Vergleichen Sie die Schilderung in der Novelle mit der Aussage des Fotos.

3 Zeigen Sie, wie es G. Grass in seiner Novelle gelingt, die Verbrechen an den Vertriebenen in einen Kontext zu stellen und erzählerisch so aufzuarbeiten, dass den Leserinnen und Lesern ein kritisch-distanzierter Blick auf die Vorgänge und Ereignisse am Ende des Krieges möglich wird. Dazu sollten Sie
a noch einmal einige Textstellen heranziehen (z. B. S. 37 f., 77 f. oder 99), in denen der Erzähler über die Aufarbeitung der Vergangenheit spricht,
b die Rolle Paul Pokriefkes bei der Darstellung der Vergangenheit und
c die Rolle Konnys und der Website „blutzeuge.de" beachten.

Günter Grass im Interview

Frage: Vom Untergang dieses Flüchtlingsschiffes [„Wilhelm Gustloff"] wissen die Deutschen wenig. Im Westen war es kein Thema, weil das einer Relativierung deutscher Verbrechen gleichgekommen wäre; im Osten ebenso wenig, weil man den sowjetischen Freunden diese 9000 Toten nicht vorhalten wollte.

G. G.: Flucht und Vertreibung sind ein ausgespartes Thema. Dafür gibt es Gründe. Da die von uns Deutschen zu verantwortenden Verbrechen so überlastig waren und sind, ist offenbar auch keine Kraft übrig gewesen, die eigene Leidensgeschichte in ausreichendem Maße mitzuberichten.

Frage: Es heißt, von den 12 Millionen vertriebenen und verschleppten Deutschen seien ca. 2 Millionen umgekommen.

G. G.: Das sind alles grobe Schätzungen. Wir wissen, daß es sehr viele gewesen sind. [...] Die Flucht aus Ostpreußen war eine einzige Katastrophe. Aber es ist das nachgeordnete Unrecht – die deutschen Verbrechen bleiben auslösendes Moment. [...]

Frage: Hatten Sie Bedenken, Sie könnten mit dem „Gustloff"-Thema in schlechte Gesellschaft geraten? Erst kürzlich hat Franz Schönhuber in der „Nationalzeitung" von der „Gustloff" als dem „sozialen Vorzeigeobjekt des Dritten Reiches" geschwärmt.

G. G.: Ich habe genügend Selbstvertrauen zu meiner Sprache und zu meiner Darstellungskraft. Da bestand keine Gefahr. Im rechten Milieu ist die Versenkung der „Gustloff" immer als ein Kriegsverbrechen angesehen worden. Das ist natürlich falsch.

Frage: Sogar der Kommandant des deutschen Torpedobootes T 36, das Hunderte „Gustloff"-Schiffbrüchige aufnahm, hat schlicht angemerkt: „C'est la guerre".

G. G.: Genau. Nach Kapitän Robert Hering hat Marinesko nur seine Pflicht erfüllt. Die „Gustloff" war nicht gekennzeichnet, außerdem waren neben den Flüchtlingen noch 1000 U-Boot-Rekruten und 370 Marinehelferinnen an Bord. Zudem waren Flak-Geschütze montiert. Von Kriegsverbrechen kann man also nicht sprechen, aber es bleibt natürlich eine schreckliche Katastrophe.

Die Woche v. 8. 2. 2002

4 Die Gestaltung des Themas Flucht und Vertreibung in der Novelle *Im Krebsgang* halten manche Kritiker für einen Tabubruch, weil G. Grass als einer der ersten Autoren die Deutschen nicht nur als Täter, sondern auch als Opfer darstellt. Wie nimmt er in dem Interview zu dieser Problematik Stellung?

Vergangenheit in der Gegenwart

Flucht und Vertreibung

Ein Artikel in der „Frankfurter Rundschau" (14. 4. 2004), in dem sich der Autor Klaus Naumann mit der Erinnerungsgeschichte deutscher Autorinnen und Autoren auseinander setzt, beginnt mit dem Satz: „Am Anfang der auffälligen Konjunktur deutscher Opfergeschichten stand Günter Grass mit seiner Novelle *Im Krebsgang* über die Vertriebenen [...]." Der Autor bezieht sich damit auf eine Diskussion, die nach Erscheinen der Novelle eingesetzt hat und in der gegen G. Grass der Vorwurf erhoben wurde, er habe in undifferenzierter und verharmlosender Weise die Deutschen als Opfer des Zweiten Weltkriegs dargestellt, jedenfalls zugelassen und sogar einkalkuliert, dass *Im Krebsgang* so einseitig rezipiert werden könne. Die Zusatzmaterialien am Ende des Heftes greifen diese Debatte auf und sollen es den Schülerinnen und Schülern ermöglichen, verschiedene Standpunkte des Meinungsspektrums bei der Frage nach der Opferrolle der Deutschen kennen zu lernen um sich ein eigenes Urteil darüber zu bilden, ob die Vorwürfe gegen die Novelle berechtigt erscheinen.

1 Was Günter Grass in der abgedruckten Textpassage beispielsweise über die „Trecks gen Westen" sagt, löst in den Leserinnen und Lesern, so darf man vermuten, wegen der Aufzählungen und der Berufung Paul Pokriefkes auf einen „Über-Erzähler" eine distanziertere Haltung gegenüber Flucht und Vertreibung aus, als es das Bild tut. Die lang gezogene Reihe der Flüchtenden auf dem Foto, das Pferdefuhrwerk, der Kinderwagen und die Taschen, in denen die gesamte Habe der Flüchtlinge verstaut ist, die vermummten, gebeugten Gestalten – Frauen, Kinder, alte Männer – vermitteln einen unmittelbaren, emotionalisierenden Eindruck von dem Elend und den Schrecknissen der Vertreibung, der Flucht, der Gefährdung und der Hoffnungslosigkeit.

2 G. Grass geht im fünften (z. B. S. 101, 102, 107) und im sechsten Kapitel (Versenkung der „Gustloff") auf das große Flüchtlingselend in den Wintermonaten 1944/45 ein. Vor allem zwei erzählerische Mittel sind dabei wichtig: die Aufzählung von Ereignissen, die das Flüchtlingsleid beispielhaft veranschaulichen, und – insbesondere beim Untergang des Schiffes – die ins Detail gehenden Schilderungen von Einzelschicksalen, besonders natürlich dem von Tulla. Gleichzeitig betont der Erzähler, dass es unmöglich sei, „das tausendmalige Sterben im Schiffsbauch und in der eisigen See in Worte zu fassen" (S. 139). Der Satz – wie übrigens indirekt auch der Vorwurf, viele Schriftstellerinnen und Schriftsteller hätten vor dem Thema versagt, – verweist auf die alle Schriftstellerinnen und Schriftsteller überwältigende und überfordernde Größe des Flüchtlingselends. Von der Kritik wurde diese Unsicherheit des Erzählers gegenüber einer angemessenen Darstellung der Flüchtlingskatastrophe auch als erzählerischer Mangel gesehen.

3 a Der Erzähler sieht sich als Sprachrohr des „Alten", der, da er sich „müdegeschrieben" habe, nicht mehr die Kraft besitzt über „das Elend der ostpreußischen Flüchtlinge", die Wirren des letzten Kriegswinters („Alles vergangen, verweht! Wer weiß schon [...]?", S. 37) und das „Wilhelm-Gustloff"-Unglück zu berichten: „Niemals, sagt er, hätte man über so viel Leid, nur weil die eigene Schuld übermächtig und bekennende Reue in all den Jahren vordringlich gewesen sei, schweigen, das gemiedene Thema den Rechtsgestrickten überlassen dürfen. Dieses Versäumnis sei bodenlos ..." (S. 99). Die Intention des Erzählers ist es nicht, Flucht und Vertreibung nachträglich zu rechtfertigen, sondern die Gräuel des Krieges nicht in Vergessenheit oder in falsche „Hände" geraten zu lassen.

b Paul Pokriefke ist als, wie er einmal sagt, „mittelmäßiger Journalist" mit einer „zufälligen Existenz" nicht der Chronist, der die Vergangenheit aufarbeitet um sie zu glorifizieren. Er ist eher ein widerwilliger, innerlich sich lange Zeit sträubender „Befehlsempfänger" des „Alten" und schreckt als Leser der Website „blutzeuge.de" auf, wenn er Tatsachen über das „Gustloff"-Unglück erfährt.

c Konny und diejenigen, die die Website „blutzeuge.de" einrichten und für ihr „Gechatte" benutzen, ja missbrauchen, werden vom Erzähler direkt und indirekt für die Art und Weise ihres „rechtslastigen", neonazistischen Umgangs mit dem 30. Januar 1945 kritisiert.

Die Leserinnen und Leser sehen die dargestellten Vorgänge mit den Augen des Erzählers. Der aber steht in deutlicher ideologischer Distanz zu Konnys Rechtsradikalismus und zu dem, was auf der neonazistischen Website propagiert wird.

4 Zusammenfassung des Interviews:

- Die „eigene Leidensgeschichte" der Deutschen habe bisher nicht geschrieben werden können, da die deutschen Verbrechen so „überlastig waren und sind".
- Die Verbrechen an den Deutschen seien das „nachgeordnete Unrecht – die deutschen Verbrechen bleiben auslösendes Moment".
- Der Autor habe „genügend Selbstvertrauen" zu seiner erzählerischen „Darstellungskraft", sodass ein undifferenziertes, gar rechtslastiges Verständnis von Teilen der Novelle ausgeschlossen sei.
- Die Versenkung der „Gustloff" sei kein Kriegsverbrechen gewesen; „aber es bleibt natürlich eine schreckliche Katastrophe".

(Vgl. zu diesem Thema auch die KV 20, 21, 22 und 24.)

Vergangenheit in der Gegenwart

Antisemitismus

Antisemitische Ausschreitungen Februar/März 2002

23./24. 2. 2002, Boizenburg, Wöbbelin, Raben-Steinfeld
Unbekannte haben am Wochenende in Mecklenburg-Vorpommern drei Gedenkstätten schwer beschädigt. Zudem hinterließen die Täter jeweils abgetrennte Schweineköpfe. In Wöbbelin wurde ein Relief zerstört, in Boizenburg wurde der jüdische Friedhof und in Raben-Steinfeld ein Mahnmal für KZ-Opfer geschändet.

Neues Deutschland v. 28. 2., 1. 3. 2002
Süddeutsche Zeitung v. 19. 3. 2002

7. 3. 2002, Rostock
Wegen der Schändung eines jüdischen Friedhofs am 7.3. ermittelt die Polizei gegen vier Personen. Sie werden auch verdächtigt am 15. 3. 02. in der Innenstadt geschmiert zu haben.

Neues Deutschland v. 8. 3. 2002; Tagesspiegel v. 19. 3. 2002

13. 3. 2002, Berlin-Mitte
Eine jüdische Gedenktafel in Berlin-Mitte wurde mit Hakenkreuz beschmiert. Außerdem Nazi-Schmierereien an S-Bahn-Brücke.

Berliner Zeitung v. 14. 3. 2002

16. 3. 2002, Berlin-Charlottenburg
Bombenanschlag auf den Jüdischen Friedhof in Berlin-Charlottenburg. Am Samstagmorgen bereits Schändung eines sowjetischen Mahnmals in Berlin-Marzahn. Das LKA bildet eine Expertenkommission und befragt am 19. 3. 02 führende Mitglieder der rechten Szene Berlins. Ekkehard Weil, Hauptverdächtiger des Anschlages vom Dezember 1998, sitzt seit Oktober 2000 in Haft. Die Sicherheitsvorkehrungen an jüdischen Einrichtungen wurden verstärkt. Von den 445 Delikten von rechts 2001 waren 106 antisemitisch motiviert (2000: 56).

Tagesspiegel v. 17. 3., 18. 3., 19. 3. 2002, taz v. 19. 3. 2002; Berliner Zeitung v. 20. 3. 2002; Neues Deutschland v. 3. 4. 2002

Schändung eines jüdischen Friedhofs in der DDR (1976)

19. 3. 2002, Hennigsdorf
Zwei polizeibekannte, 17 und 20 Jahre alte Jugendliche grölten antisemitische Parolen in Hennigsdorf.

Neues Deutschland, taz v. 20. 3. 2002

Konnys Antisemitismus

1 Von welchen Vorfällen wird in der Presse berichtet? Und welche Hinweise zu den Tätern enthalten die Nachrichten?

2 In Kapitel 7 der Novelle (S. 159: „Bei diesem Thema […] ‚Auch ich werde wohl demnächst meinen Koffer packen […].‘“) liefern sich Konny und David einen Disput über Israel und die Juden. Welche Positionen vertreten die beiden Kontrahenten?

3 Sammeln Sie Beispiele aus der Novelle, in denen Konnys Antisemitismus manifest wird.

4 In welchem Sinne kann man bei Tulla von einer antisemitischen Einstellung sprechen (vgl. dazu S. 106, 108, 182)? Wie lässt sich ihr Antisemitismus von demjenigen Konnys abgrenzen?

5 Wie beurteilen Sie, dass über die Figur Konrad Pokriefke in solchem Umfang rassistisches Gedankengut und eine menschenverachtende Sprache Eingang in die Novelle finden?

Vergangenheit in der Gegenwart

Antisemitismus

Der Begriff Antisemitismus wurde 1879 von dem Deutschen Hans Marr geprägt und bezeichnet die Feindseligkeit und hasserfüllte Einstellung gegenüber Juden. Den Kern der nationalsozialistischen Ideologie bildete der Rassegedanke. Nach dieser Lehre bestimmt die Rasse alles geschichtliche Geschehen; deswegen entscheide der Kampf der Rassen über die Zukunft der Völker. Es gibt, so wurde propagiert, minderwertige und höherwertige, kulturfähige und kulturlose Rassen und Völker. Die höchste Rasse sei die arische, bei der den Germanen und hier wiederum den Deutschen besonderer Wert zukomme. Die Deutschen seien eine Herrenrasse, deren Aufgabe es sei, die minderwertigen Rassen und Völker zu domestizieren.
Diese pseudowissenschaftlich verbrämte Rassenlehre wurde mit einem ins Grenzenlose gesteigerten Antisemitismus verknüpft mit der Folge, dass der Antisemitismus eine biologistische Prägung erfuhr („Zersetzungskraft durch jüdisches Blut"). Die nationalsozialistische Ideologie arbeitete in Bezug auf den Antisemitismus mit stereotyp wiederholten Feindbildern und steigerte die unterstellte Bedrohung der arischen Rasse ins Unermessliche: Sie behauptet, Juden verkörperten alles Schlechte und Böse; die jüdische Rasse wolle die arische Rasse zerstören und hätte zu diesem Zweck eine Weltverschwörung angezettelt; Weltkapitalismus und Weltbolschewismus seien Mittel im Kampf gegen die Arier. Juden galten im nationalsozialistischen Sprachgebrauch als Schmarotzer und Parasiten, die ausgemerzt gehörten. Diese Ideologie wurde in Deutschland ab 1933 zur Staatsdoktrin und nach und nach in praktische Politik umgesetzt; sie bedeutete letztlich den Tod vieler Millionen Juden in den Krematorien der Konzentrationslager.

3 Beispiele: „Ohne den Juden [...] Der Jude hat [...] Der Jude ist schuld [...]'" (S. 14), „These von der notwendigen Reinerhaltung der arischen Rasse und des deutschen Blutes" (S. 48), „Weltjudentum" (S. 49, 74, 118), Anrede „Itzig" (S. 49), „Hintermännern", „‚Weltjudentum'", „‚jüdisch versippte Plutokratie'" (S. 82), „‚Als Jude wird es dir ewig unbegreiflich bleiben, [...] Aber was wißt ihr Juden schon von der Reinheit des Blutes!'" (S. 106), „‚Für heute ist genug Judenblut geflossen. [...]'" (S. 119), „Klar, wenn alle Juden, wie damals der Mordjude Frankfurter, ins Gelobte Land abhauen würden, fände er das in Ordnung, ‚dann ist der Rest der Welt endlich judenfrei!'" (S. 159), „‚Ich schoß aus Prinzip.'" (S. 182), „‚Ich habe geschossen, weil ich Deutscher bin – und weil aus David der ewige Jude sprach.'" (S. 189).

4 Tullas Antisemitismus – ganz im Gegensatz zu demjenigen ihres Enkels – ist weder ideologisch hergeleitet noch militant. Wenn sie immer wieder das Schimpfwort „Itzich" (S. 106, 108) verwendet oder berichtet, dass ihr Papa „‚den Itzich, Amsel hieß der, von onserm Hof jeschmissen hat [...]'" (S. 108), dann ist das Ausdruck einer latent vorhandenen Geringschätzung der Juden, die sich herleitet aus tradierten weit verbreiteten Vorurteilen und Ressentiments.
Verräterisch allerdings ihre Einlassung vor Gericht, als sie geltend macht: „‚Das hat main Konradchen nich wissen jekonnt, daß dieser David ain falscher Jud ist. Ainer, der sich ond andere was vorjemacht hat, wenn er sich bai jede Jelegenhait wien ächter Jud aufjefiehrt [...].'" (S. 182)
Bei Konrad Pokriefke dagegen finden sich viele der Ingredienzien nationalsozialistischer Ideologie: die Reinheit deutschen Blutes, die herausgehobene Stellung der arischen Rasse und der Deutschen (Herrenmenschentum), die jüdische Gefahr, die Weltverschwörung , der jüdische Weltkapitalismus usw. Deutlich werden: Generalisierungsmechanismen („die Juden"), Entstehen und Wirkung von fest verankerten Vorurteilen, die Funktion von Feindbildern, die Geringschätzung des Fremden und Andersartigen u.a.

5 Dass sich nationalsozialistisches Gedankengut und die Phraseologie derer, die die Endlösung der Juden betrieben haben, so ausführlich durch die Figur des Konrad Pokriefke in der Novelle ausbreiten dürfen, wirkt befremdend, zumal der sensible, introvertierte, nur „Saft trinkende" Konny, der sehr deutlich Abstand zu den Vulgärnazis hält und dem niemals Wörter wie „‚Judengesocks'" oder „‚Auschwitzlügner'" oder der „Kampfruf ‚Juda verrecke!'" (S. 150) über die Lippen kämen, ein keineswegs unsympathischer junger Mann ist, der, verführt und verblendet, mehr als Opfer denn als Täter erscheint. Auch wenn Paul Pokriefke seinem Sohn „Irrsinn" und „Wahnvorstellungen" attestiert, auch wenn man anerkennt, dass der von Konrad propagierte rassistische Antisemitismus ebenso Teil der deutschen Geschichte war wie der Untergang der „Wilhelm Gustloff" oder wie Flucht und Vertreibung der Deutschen, auch wenn man berücksichtigt, dass G. Grass das Geschehen um Konny und David besonders am Schluss ins Karikierend-Groteske übersteigert, bedeutet die Wiedergabe dieser Sprache einen Tabubruch. G. Grass baut Missverständnissen vor und sichert sich doppelt ab, indem er einen Rollenerzähler nur das wiedergeben lässt, was dessen Sohn im Internet und vor Gericht verbreitet. G. Grass selbst steht außerhalb jeden Verdachts, zumal er bis heute den Satz „Wer über Deutschland nachdenkt, muß Auschwitz mitdenken." trotz vieler Anfeindungen nicht zurückgenommen hat; darüber hinaus lässt er seine Figur Konny am Schluss als jemanden erscheinen, der der nationalsozialistischen Ideologie abschwört. Und dennoch bleibt die Frage, ob der ausholende Rückgriff auf die antisemitische Phraseologie des Nationalsozialismus eine, wie sicherlich beabsichtigt, aufklärerische oder nicht doch eher eine erneut diskriminierende Wirkung hat.

(Vgl. zu diesem Thema auch KV 23.)

Vergangenheit in der Gegenwart

Neonazismus

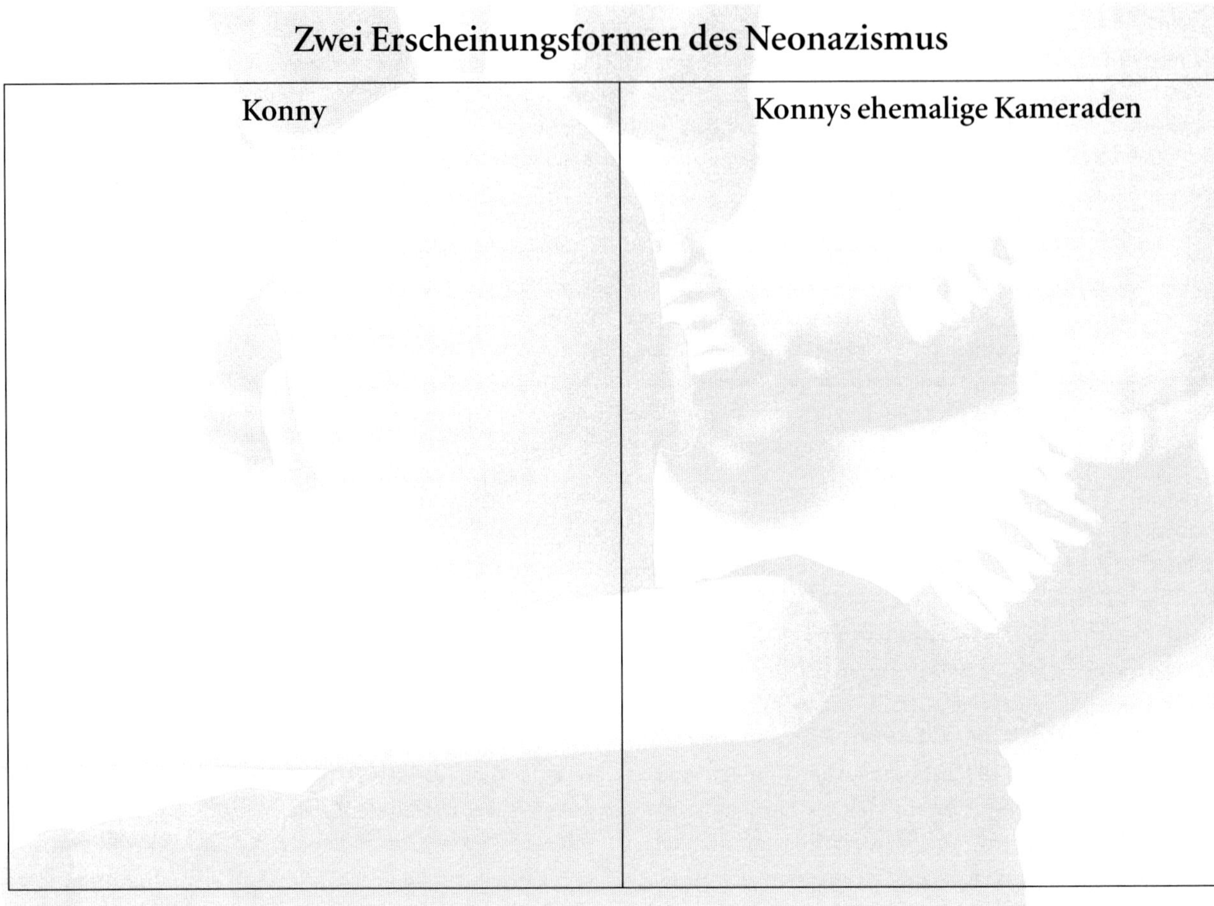

© ullstein – Bonn-Sequenz

Zwei Erscheinungsformen des Neonazismus

Konny	Konnys ehemalige Kameraden

1 Günter Grass stellt in seiner Novelle unterschiedliche Erscheinungsformen des Neonazismus dar.

a Welches Bild entwirft der Erzähler vom Neonazi Konny?

b Wie schätzt Konny seine ehemaligen Kameraden aus der rechtsradikalen Szene ein?
Tragen Sie die Antworten auf diese Fragen in Stichworten in die obige Tabelle ein.

c Wie treten rechtsradikale Jugendliche in der Öffentlichkeit auf? Wie werden sie wahrgenommen?

d Konny und die „Schlägertypen" – zwei Seiten einer Medaille?

2 Wie äußerst sich der Erzähler in Kapitel 8 (S. 187 f.) über die Bedeutung der Schule für die Entwicklung Konnys? Nehmen Sie Stellung zu der Frage, ob die Entscheidung des Lehrers angemessen ist.

Günter Grass

Was die Faszination des Nationalsozialismus angeht, bleibt es auf der Gegenwartsebene nicht beim virtuellen Spiel [...]. Weil die Geschichte nicht aufhört. Sie geht weiter und setzt sich, bis zur Karikatur verzerrt, in der heutigen jungen Generation fort. Aus diesen Gründen haben wir einen oft nicht zu fassenden und kaum zu begreifenden Neonazismus beispielsweise in den Gymnasien, in den Oberschulen, der auf die Universitäten übergreift. Das ist mit Skinheads nicht abzutun, auch nicht mit einem Verbot der NPD. Dieser Sache muß man nachgehen, und ich versuche das mit meinen Mitteln, den Mitteln des Erzählers.

Günter Grass im Gespräch. Göttingen: Steidl 2002

3 Tabuisierung des Nationalsozialismus als Ursache für Neonazismus und Rechtsradikalismus? Für wie realistisch und überzeugend halten Sie G. Grass' Erklärungsversuch?

Vergangenheit in der Gegenwart

Neonazismus

Dass der Literaturnobelpreisträger Günter Grass in seinem Spätwerk mit Konrad Pokriefke einen Neonazi und Rechtsextremisten, der einen politisch motivierten Mord begeht, zu einer der Hauptfiguren seiner Novelle macht, ist erstaunlich und neben der Thematisierung von Flucht und Vertreibung ein weiterer Tabubruch. Auch wenn eine wesentliche Funktion Konnys darin besteht, den Anlass und die Legitimation zur Aufarbeitung der verdrängten Geschichte zu liefern, so stellt sich doch die Frage, in welcher Weise G. Grass den gegenwärtigen Erscheinungsformen von Neonazismus und Rechtsextremismus literarisch Ausdruck verleiht und ob die Ergebnisse seiner Suche nach Ursachen nachvollziehbar sind und in der Realität eine Entsprechung haben.

Zwei Erscheinungsformen des Neonazismus	
Konny	**Konnys ehemalige Kameraden**
- gepflegte äußere Erscheinung	- Biersäufer
- gehobene Schulbildung	- Dummköpfe
- vielseitig interessiert, vor allem an deutscher Geschichte	- Glatzen
- belesen	- Schlägertypen
- Vergnügen am Disput mit dem politischen Gegner	- Vulgärnazis
- elitär	- Unbelehrbare (S. 182 f.)
- „Safttrinker"	
- Einzelgänger, Sonderling	
- bürgerliche Herkunft	
- (scheinbar) Schreibtischtäter	
- Ideologie setzt das absolute Maß	
- „konsequent" in der Umsetzung der Ideologie	
- unbelehrbar und uneinsichtig	

1 Zwischen den „Glatzen" und Konny gibt es Unterschiede: Konnys Vortrag überfordert die Mitglieder der „Kameradschaft" und löst Aggressionen aus (S. 81 ff.); sie wollen einfache Feindbilder und eine undifferenzierte Betrachtungsweise geschichtlicher Ereignisse. Das Verhältnis zwischen den – wie es im Text heißt – „Dummköpfen" und dem intellektuellen Gymnasiasten ist von gegenseitiger Geringschätzung, ja Verachtung und Feindseligkeit geprägt, die so weit geht, dass Konny bedroht wird und glaubt eine Waffe kaufen zu müssen um sich vor seinen „Kameraden" schützen zu können. Dennoch verbindet beide einiges: die Diskriminierung von Fremden und Minderheiten, der ausgeprägte Antisemitismus, die Hinwendung zum Dritten Reich und dessen Ideologie. Trotz aller Feindschaft und Geringschätzung ist Konny Teil der „Bewegung" und seine Solidarität mit den ehemaligen Kameraden geht so weit, dass er ihre Namen nicht preisgibt.

G. Grass geht es darum – und der kurze Auszug aus einem Interview kann als Bestätigung gewertet werden –, Denkweisen und Methoden des intellektuellen Rechtsextremismus „vorzuführen", der in der Lage ist nationale Mythen zu schaffen und die Deutungshoheit bei Themen wie dem Untergang der „Gustloff" zu gewinnen. Für wie gefährlich der Autor dieses Spektrum der rechten Szene hält, wird sinnfällig an dem Mord, den er Konny ohne jegliche emotionale Beteiligung und mit einer verblendeten Begründung begehen lässt: „,Ich schoß aus Prinzip.'" (S. 182) „,Ich habe geschossen, weil ich Deutscher bin – und weil aus David der ewige Jude sprach.'" (S. 189) Der Schluss der Novelle „Das hört nie auf. Nie hört das auf." deutet an, dass G. Grass wenig Hoffnung hat, dass der Neonazismus jemals endgültig überwunden werden könnte, dass er ihn als eine ständige Herausforderung sieht.

2 Auf die Frage nach den Ursachen gibt G. Grass keine eindeutige Antwort; der Rollenerzähler schwankt ständig zwischen verschiedenen negativen Begründungen. Alles in allem erscheinen jedoch neonazistisches Denken und rechtsextreme Gewalt als Resultat einer fehlenden oder falschen Erziehung (vor allem durch die 68er Generation, deren Permissivität und Liberalität kritisch gesehen werden). Der Stellenwert, den das Verbot eines Referats in der Novelle erhält, ist unangemessen; hier wirkt die Novelle konstruiert und übertrieben didaktisch.

3 G. Grass' literarisches Schaffen steht von Beginn an unter dem Anspruch einer nach 1945 um sich greifenden „Dämonisierung des Nationalsozialismus" entgegenzuwirken und das „kleinbürgerliche Detail aufzuwerten". Dieser Anspruch gilt auch für seine Novelle. Indem er an die Versenkung der „Gustloff" und an die Opfer der Deutschen erinnert und damit nach weit verbreiteter Auffassung einen Tabubruch begeht, will er eine einseitige Sicht auf den Nationalsozialismus überwinden und so Rechtsextremen das Wasser abgraben. Dieser Glaube ist verschiedentlich als anmaßend und, weil er der Komplexität des Entstehens von Neonazismus und Rechtsextremismus nicht Rechnung trägt, als naiv bezeichnet worden.

Vergangenheit in der Gegenwart

Die rechte Szene und das Internet

Internet und Rechtsextremismus

Das Internet bietet eine Fülle technischer Vernetzungsmöglichkeiten, die einige Aktivisten der rechtsextremistischen Szene intensiv nutzen. Häufig verlinken die Seiten zahlreiche ausländische Homepages, bieten ihre Inhalte mehrsprachig an, mitunter wenden sie sich gezielt an ein internationales Publikum und verstehen sich als Instrumente der weltweiten Vernetzung. Gängigen rechtsextremistischen Konstrukten wie denen der „Weißen Rasse", der „Arischen Rasse" oder auch des „Ethnopluralismus" widersprechen solche Kontakte grundsätzlich nicht, solange sie innerhalb der ideologisch definierten Gemeinschaft stattfinden oder die Prämisse nicht berühren, dass eine Vermischung ethnischer Gruppen schädlich ist. In der Tat begünstigt das Netz „eine Aufhebung der traditionellen Diskursgrenzen zwischen den einzelnen Segmenten des Rechtsextremismus" (Nickolay). Bezieht Bernd Nickolay diese Feststellung vorrangig auf die unterschiedlichen Spielarten der rechtsextremistischen Szene in Deutschland, lässt sie sich auf die internationale Ebene übertragen. Auch die Möglichkeiten, rechtsextremistische Produkte international zu vermarkten, sind gestiegen und werden von Aktivisten wie Gary Lauck aufgegriffen – dies gilt speziell für Materialien, deren Verbreitung in anderen Staaten, insbesondere in Deutschland strafbar ist. Diskurs- und Marktgrenzen waren stets in einigem Maße durchlässig, das Netz hat die Kommunikationswege aber entscheidend ergänzt und einer neuen Qualität der Vernetzung des weltweiten Rechtsextremismus den Weg geebnet. [...] Zweifellos wird das Internet die künftige Entwicklung des Rechtsextremismus mitbestimmen. Existenz und Entwicklung rassistischer, häufig NS-verherrlichender Szenerien sind daher keine örtlichen Randerscheinungen in Krisenzeiten. Vielmehr unterstreichen die kommunikativen Verbindungen der Akteure, dass es sich um internationale Phänomene und vielfach um entsprechende Strukturen handelt. Auch in dieser Hinsicht wird der Rechtsextremismus nicht selten unterschätzt.

White Pride Worldwide. Fallbeispiele: Die Internationale des Online-Rechtsextremismus. Hrsg. v. Innenministerium des Landes Nordrhein-Westfalen. Verfassungsschutz. Düsseldorf o.J., S. 8 f.

1 Welche Informationen enthält der Text über die Nutzung des Internets durch Rechtsextremisten?

2 Das „Gechatte" (S. 117): Stellen Sie Ausdrücke zusammen, mit denen der Erzähler Paul Pokriefke die Gespräche und Darstellungen auf der „blutzeuge.de"-Website bezeichnet:

3 Welche Ausdrücke benutzt der Erzähler für Konny, der offensichtlich die Website führt?

4 Welche Haltung des Erzählers gegenüber dem Internet und der Website „blutzeuge.de" wird in diesen Bezeichnungen deutlich? Welche Funktion hat sie?

5 Beschreiben Sie die Rolle, die das Internet in der Novelle spielt.

6 Welche politischen und technischen Möglichkeiten sehen Sie die Verbreitung rechtsextremistischen Gedankenguts im Internet zu unterbinden? Welche davon erscheinen Ihnen praktikabel, welche wünschenswert?

Vergangenheit in der Gegenwart

Die rechte Szene und das Internet

Tulla, Repräsentantin der Großeltern-Generation, pflegt die persönlichen Kontakte und ist für die mündliche Überlieferung zuständig. Paul Pokriefke als Angehöriger der mittleren Generation liest Bücher und Zeitungen; er recherchiert mit Hilfe des Computers und macht sich – wenn auch widerstrebend – um die schriftliche Überlieferung verdient. Den jungen Konrad Pokriefke aber – eine Art Gefangener nicht nur seiner Ideologie, sondern auch seines Computers – lässt G. Grass vor allem per Internet kommunizieren. Günter Grass, der selbst über keine Homepage verfügt, hat in seiner Novelle das neue Medium entdeckt und verwendet es unter anderem auch als Stilmittel. Der Gebrauch der gängigen Fachtermini legt Zeugnis davon ab, dass er sich gewissenhaft in die Materie eingearbeitet und sich (kommunikations)technisch auf die Höhe der Zeit gebracht hat. Auch wenn er die Begriffe zu oft und zu plakativ verwendet, sodass die erfahrenen Internet-Nutzerinnen und -Nutzer schnell erkennen, dass es sich um angelerntes Wissen handelt, verdient der Autor Respekt, weil er die vielfältigen Möglichkeiten, die das Internet bietet, in seiner Novelle mehr oder weniger ausführlich zur Geltung bringt. Wie aufmerksam Grass die tagespolitische Diskussion verfolgt und wie sehr er ihr verpflichtet ist, wird auch daran deutlich, dass er den von Politik und Teilen der Öffentlichkeit diskutierten rasanten Anstieg rechtsradikaler Gewalt und ihre Verherrlichung in einer großen Zahl von offenen oder verkappten Nazi-Webseiten zum Thema macht.

2 Beispiele: „lauter nachträgliches Zeug" (S. 8), „dem teils deutsch, teils englisch angerührten Gequassel" (S. 15), „inmitten des weltweit verbreiteten Schwachsinns" (S. 36), „in einem virtuell überfüllten Welttheater" (S. 46), „Schlagabtausch im Jenseits" (S. 48), „absurdes Chatroom-Geplänkel" (S. 64), „das [...] Gequassel der Ewiggestrigen" (S. 89), „eine wahre Quasselbude tat sich auf" (S. 117), „globale Spielwiese, dem gepriesenen Ort letztmöglicher Kommunikation" (S. 133), „die digitale Oberfläche der gegenwärtigen Wirklichkeit" (S. 150), „Wortmüll ihrer Kommunikation" (S. 172)

3 Beispiele: „ein Namenloser" (S. 8), „ein Schlaukopf als Einzelgänger" (S. 18), „dieser Heini" (S. 32), „mein im Netz turnender Webmaster" (S. 38), „mein Schweriner Webmaster" (S. 46); unter Einbeziehung Davids: „zwei Spaßvögel" (S. 50), „Online-Fighter" (S. 159), „Freundfeind" (S. 159, 172, 174)

4 Die Art, wie das Kommunikationsmittel der jungen Generation vorgeführt wird und wie die jungen Surfer durch den Rollenerzähler Paul Pokriefke benannt werden, zeigt eine deutlich ablehnend-distanzierte Haltung. Viele ironisierende Formulierungen machen die Beteiligten lächerlich, wobei zu vermuten ist, dass die demonstrativ zur Schau gestellte Skepsis sowohl dem Medium als auch den rechtsradikalen Inhalten und deren geistigen Urhebern gilt.

5 In der Novelle spielt das Internet eine tragende Rolle auch deshalb, weil G. Grass ein breites Spektrum seiner Anwendungsmöglichkeiten vorführt: Es ist Informationsquelle, Kommunikationsmedium, Instrument für Propaganda und es kann zur Desinformation eingesetzt werden. Mit der Einbeziehung der Virtualität des Internets schafft sich der Autor eine zusätzliche erzähltechnische Möglichkeit. Bemerkenswert ist aber vor allem, dass er den Leserinnen und Lesern am Beispiel Konrad Pokriefkes vor Augen führt, wie die Rechten das Internet als Propagandaplattform nutzen; Konnys/Wilhelms antisemitische Sprachentgleisungen und Hasstiraden spiegeln recht genau wider, was Nutzerinnen und Nutzer vorfinden, wenn sie rechtsradikale Seiten besuchen. G. Grass reagiert mit seinem Text auch auf die weltweite Vernetzung der rechten Szene und auf die starke Vermehrung von rassistischen, antisemitischen und fremdenfeindlichen Beiträgen.
Bekannte internationale Seiten sind: Stormfront, National Alliance, NSDAP/AO. G. Grass selbst erwähnt beispielsweise: Stormfront (S. 32); Zündelsite, „Nationaler Widerstand", „Thulenet" (S. 63).

6 Der Kontrolle und einer Strafverfolgung rechtsextremistischer Seiten stehen beispielsweise entgegen: die ursprüngliche Idee, dass das Internet eine uneingeschränkte und durch niemanden kontrollierte Kommunikation aller mit allen ermöglichen sollte, das im Grundgesetz verankerte Recht auf Meinungsfreiheit, die Globalität der Internet-Kommunikation, die Tatsache, dass viele deutsche Rechtsextremisten ihre Seiten bei ausländischen, vor allem amerikanischen Servern einstellen und dass die Anmeldung sehr häufig anonym erfolgt. Es gibt international keine einheitliche Rechtslage. Was in Deutschland ein Straftatbestand ist, bleibt in anderen Ländern (vor allem in den USA) wegen einer großzügigeren Auslegung des Rechts auf freie Meinungsäußerung straffrei (z. B. die Leugnung des Holocaust).
Als Strategien gegen die Verbreitung von Hasstiraden auf Minderheiten, von fremdenfeindlicher Hetze und rassistischen Parolen werden diskutiert: Verbote und Sanktionen gegen die Provider, die zwar nicht für die rechtsextremen Inhalte verantwortlich sind, sie aber zulassen und für ihre Verbreitung sorgen; die Kooperation mit den Providern um sie dazu zu bewegen, freiwillig anhand einer Sperrliste und mit Hilfe einer Suchmaschine entsprechende Seiten aus dem Verkehr zu ziehen; der Einsatz von Filterprogrammen; Aufklärung bzw. Gegenaufklärung im Internet; eine breite Diskussion innerhalb der Gesellschaft.

Günter Grass – Leben und Werk

Biografie

Geboren 1927 in Danzig – Eltern besaßen in dem Danziger Vorort Langfuhr ein Lebensmittelgeschäft – ab 1937 Besuch des Gymnasiums – von klein auf große Begabung im Zeichnen – schrieb schon ab dem zwölften Lebensjahr Gedichte und Erzählungen – mit 17 Jahren als Luftwaffenhelfer und im Arbeitsdienst eingesetzt – 1944 Einberufung zur Wehrmacht – Verwundung und amerikanische Kriegsgefangenschaft – 1947 Steinmetzlehre in Düsseldorf – 1948 bis 1952 Studium an der Düsseldorfer Kunstakademie – 1956 bis 1960 Aufenthalt in Paris, in dieser Zeit Veröffentlichung einiger Dramen und vor allem der Romans *Die Blechtrommel*, lebt und arbeitet fortan als Schriftsteller, Steinmetz und Maler – 1960 Umzug nach West-Berlin – 1965 (und später) Wahlreisen für die SPD – Der Autor lebt in einem kleinen Ort bei Lübeck in Schleswig-Holstein.

Literarische Werke

Günter Grass hat wie kein anderer deutscher Nachkriegsschriftsteller die Erzählliteratur in der zweiten Hälfte des 20. Jahrhunderts geprägt. Zu seinen bekanntesten Romanen und Novellen gehören:
Die Blechtrommel (1959)
Katz und Maus (1961)
Hundejahre (1963)
Der Butt (1977)
Das Treffen in Telgte (1979)
Die Rättin (1986)
Ein weites Feld (1995)
Mein Jahrhundert (1999)
Der Autor hat auch Dramen und viele Gedichtbände veröffentlicht, z. B.:
Die Vorzüge der Windhühner (1956)
Mit Sophie in die Pilze gegangen (1988)
Fundsachen für Nichtleser (1997)

Literaturpreise (Auswahl)

Preis der Gruppe 47 (1958)
Französischer Literaturpreis „Le meilleur livre étranger" (1962)
Büchner-Preis (1965)
Fontane-Preis (1968)
Internationaler Literaturpreis, Viareggio (1978)
Feltrinelli-Preis, Rom (1982)
Thomas-Mann-Preis (1996)
Nobelpreis (1999)

© ullstein – Reuters

Günter Grass nach der Verleihung des Literaturnobelpreises in Stockholm 1999

TOUR DE FRANCE
Als die Spitzengruppe
von einem Zitronenfalter
überholt wurde,
gaben viele Radfahrer das Rennen auf.
(1967)

Günter-Grass-Archiv, Sign. 2071

Tusche, mehrfarbig, Bleistift
20,5 x 43,5 cm (um 1959)

Der Künstler

Günter Grass ist auch als Zeichner, Grafiker, Maler und Bildhauer bekannt geworden. So stammen beispielsweise die Bilder auf den Titelseiten vieler seiner Buchausgaben, auch der Novelle *Im Krebsgang*, von ihm.
Das nebenstehende Bild ist die berühmte Illustration des Romans *Die Blechtrommel.*

Günter Grass – Leben und Werk

Günter Grass hat, wie vielleicht kein zweiter Autor, die deutschsprachige Literatur in den letzten fünfzig Jahren entscheidend beeinflusst und geprägt. Die Verleihung des Nobelpreises 1999 hat seinen literarischen Rang weltweit bestätigt. Die KV soll den Schülerinnen und Schülern einen ersten Zugang zur Person Günter Grass und zu seinem Werk eröffnen. Es versteht sich von selbst, dass die wenigen einführenden Hinweise ergänzt werden müssen durch weitere Informationen zur Biografie des Autors und zu seinem umfangreichen Werk.
Die Literaturangaben im Anhang geben dazu nützliche Hinweise. Empfehlenswert ist in diesem Zusammenhang der Werkstattbericht *Fünf Jahrzehnte*, in dem G. Grass viele anregende Beispiele seiner zeichnerischen, malerischen und bildhauerischen Arbeiten gibt und in dem er erläutert, wie sich bildnerische und schriftstellerische Tätigkeiten in seinem Werk bedingen und gegenseitig beeinflussen.

Weitere Anregungen

Fotos von Günter Grass

Die Schülerinnen und Schüler sammeln Fotos und erstellen ein „Bilder"-Buch oder bereiten eine kleine Ausstellung vor.

Lesetagebücher

Eine solche „Ausstellung" kann ergänzt werden durch Lesetagebücher der Schülerinnen und Schüler, mit denen sie die Unterrichtsreihe begleiten, und durch Schreibexperimente. Anregungen zu Letzteren können den KV 9 bis 12 entnommen werden. Möglich sind darüber hinaus Gegenüberstellungen von Passagen aus dem *Krebsgang* mit Schilderungen von Flüchtlingselend heute aus Zeitungen, Zeitschriften und Büchern. Auch Fotos, die Flucht und Vertreibung dokumentieren, können einbezogen werden.

Titelbilder des Grafikers Günter Grass

Die Schülerinnen und Schüler besorgen aus Bibliotheken möglichst viele Buchausgaben des Autors mit von ihm selbst gestalteten Titelblättern und organisieren eine Buchtitel-Ausstellung.

Werke des Erzählers Günter Grass

Die knappe Unterrichtszeit wird es in der Regel kaum zulassen, einen Roman oder die Novelle *Katz und Maus* in den Unterricht einzubeziehen. Denkbar ist, dass einzelne Schülerinnen und Schüler Interesse haben ein weiteres Buch von G. Grass zu lesen. Sie könnten das dann in einer Doppelstunde vorstellen.
Möglich ist aber auch, einen Roman wie *Die Blechtrommel* beispielsweise mit Hilfe ausführlicher Inhaltszusammenfassungen und Lesungen eines Kapitels oder ausgewählter Textstellen wenigstens in Ansätzen vorzustellen.
Der Film *Die Blechtrommel* von Volker Schlöndorff lässt sich als thematische Ergänzung zur behandelten Novelle heranziehen. Er ermöglicht auch einen Vergleich mit dem Roman als stofflicher Vorlage. Die Videoaufzeichnung des Films mag ebenfalls aufschlussreich sein.

Gedichte

G. Grass ist auch ein bedeutender Lyriker. Eine Gruppe von Schülerinnen und Schülern könnte eine Sammlung von Grass-Gedichten zusammenstellen und diese vor der Klasse vortragen. Gedichte von G. Grass eignen sich in hervorragender Weise zum Vorlesen oder zum Vortrag.

Eine Interpretation des Gedichts *Tour de France*

„Was Grass vorführt, ist die Überwindung des Bemühten durch das Mühelose. [...] Ein Begriff des Sportmanagements wird aufgehoben durch ein gleichsam zärtliches Wort, das einem Liebesgedicht entnommen scheint." Die Wörter „Spitzengruppe" und „überholt", Schlagwörter aus den Bereichen Sport oder Wirtschaft, werden dem Wort „Zitronenfalter" gegenübergestellt und spielerisch von diesem ganz anderen Wort, das für das Langsamere, Unbeschwerte, Leichte steht, entzaubert, ja lächerlich gemacht. Das Ziellose siegt über diejenigen, die nur das eine vor Augen haben und dem alles unterordnen, nämlich ein Ziel zu erreichen. Das Gedicht kritisiert diese Menschen, von denen Grass seinen Erzähler Paul Pokriefke im *Krebsgang* sagen lässt: „Menschen, die immer nur auf einen Punkt starren, bis es kokelt, qualmt, zündelt, sind mir noch nie geheuer gewesen." (S. 68) Auf der anderen Seite ist die Schlusszeile eine unrealistische Utopie, weil die Verhältnisse, käme es dazu, auf den Kopf gestellt würden: Denn das Schöne, das Zierliche, das Vergängliche, das Unangestrengte siegten dann ja über Kraft, Muskeltraining und Routine. *Tour de France* ist eine poetische Spielerei, die einen Moment lang Hoffnung auf das ganz andere macht, eine Hoffnung, die, bei genauerem Nachdenken, wieder schnell verfliegt. Utopien sind Grass' Sache nicht. Für seine Grundhaltung stehen eher Begriffe wie Skepsis und Zweifel.

Nach: Fritz Raddatz: Prinzip Zweifel. In: Marcel Reich-Ranicki: Hundert Gedichte werden vorgestellt. Eine zeitgenössische Auswahl aus der Frankfurter Anthologie. Gütersloh: Bertelsmann, o. J., S. 200

Zusatzmaterialien

Günter Grass/Harro Zimmermann

Vergegenkunft und Geschichte

Harro Zimmermann: Wobei Sie auch mit Rückverweisen arbeiten, angefangene Geschichten später weitererzählen oder noch einmal aus anderer Perspektive neu erzählen.

Günter Grass: Hinzu kommt der Reiz […], mich als Autor hineinzunehmen und gleichzeitig kraft Fiktion aufzulösen, zu zerstören, wieder neu erstehen zu lassen. Ich tauche anfangs kenntlich in das Buch ein, und verwandelt und verfremdet tauche ich an irgendeiner Stelle des Erzählprozesses wieder auf. Diese Versteckspiele, die Vexierspiele des Autors im Buch, eröffnen neue Erzählmöglichkeiten und bieten die Chance, bestimmte Gegenwartspartikel kraft der „Vergegenkunft", also der Zusammennahme von Vergangenheit, Gegenwart und Zukunft, an die Oberfläche zu spielen.

H. Z.: Vielleicht sollten wir noch einmal diesen epischen Neueinsatz der Vergegenkunft herausheben […].

G. G.: Unserem Ordnungs- und Vernunftprinzip folgend, leben wir ins Korsett bestimmter Abläufe gezwängt: Vergangenheit, Gegenwart, Zukunft. Doch die Realität widerspricht dem Zwang zur Chronologie. Wenn wir unseren Apparat unter der Hirnschale beobachten – wie wir denken, wie wir träumen, wie wir uns erinnern –, so geschieht das absolut nicht chronologisch. Das ist die eine Realitätserfahrung.

Die zweite beziehe ich aus der deutschen Geschichte: Wir haben nach 1945 verzweifelt versucht, die uns belastende Vergangenheit, wenn nicht in dieser, dann in der nächsten Legislaturperiode zu bewältigen, das hieß, in der Regel auch zu verdrängen. Ich erinnere mich an die notwendigen endlosen und oft gloriosen Debatten im Bundestag, wenn es um die „Verjährung" ging. Ein schönes Wort. […] Die Vergangenheit holte uns also immer wieder ein, und sie tat das bis in diese Tage hinein. Bestimmte Dinge, die unscharf geworden sind und lange zurückliegen, werden sogar klarer und deutlicher, aber auch erschreckender als je zuvor. Das ist die Vergangenheit, die in der Gegenwart präsent ist.

Was nun die Zukunft als dritte Dimension angeht: 1945 als Siebzehnjähriger war ich von Trümmern und Trümmerlandschaften umgeben – nicht nur die Gebäude lagen in Trümmern, auch die Personen glichen Ruinen. Dennoch hatte meine Generation nach einer gewissen Zeit so etwas wie eine Zukunftsperspektive: Wir wollten es besser machen, wollten es anders machen. Und das in jeder Beziehung. Die ausgesprochene Tüchtigkeit der Kriegsgeneration ist ablesbar an dem, was sie kurz vor ihrem Tod zu vererben hat. Wir machten uns also ans Werk und behandelten Zukunft wie einen leeren Raum, in den man hineinprojektieren konnte mit jener überschüssigen Kraft, die aus dem Krieg noch geblieben war. Das ist bei der heutigen jungen Generation ganz anders. Deren Zukunft ist bebildert, vordatiert, mit schrecklichen Statistiken gepflastert und bietet wenig Spielraum. Das heißt, das, was zukünftig sein sollte, ist gegenwärtig schon auf erschreckende Art und Weise präsent.

Aus diesen Überlappungen von drei geordneten Begriffen – Vergangenheit, Gegenwart, Zukunft – hat sich bei mir durch den Schreibprozeß, durch die Auseinandersetzung mit dem chronologisch geordneten Stoff die Notwendigkeit und Möglichkeit ergeben, mit einer Vergegenkunft, mit einem neuen Zweitbegriff weiter zu erzählen. […]

H. Z.: Das heißt, die eigenartige Zeitstruktur, die diese Bücher[1] beanspruchen, verdankt sich einer Kombination von ästhetischen und geschichtstheoretischen Reflexionen. Insofern ist darin mehr enthalten als nur ein episches Konstrukt.

G. G.: Was ist Geschichte? Geschichte nennen wir etwas, von dem wir annehmen, daß es abgelagert sei. Wir ordnen es der Vergangenheit zu. Und ich kann mich hier nur wiederholen: Wir erleben mit Erschrecken, wie abgelebte (!) Geschichte virulent wird, wie sie in die Gegenwart hineinragt. Also ist sie für mich Teil der Realität: Sie ist nicht abgelagert, sie ist belebt und immer wieder zu beleben, insbesondere durch erzählerische Kraft, durch den Mutwillen, das Abgesegnete aus den Grabkammern herauszuholen, die Leichen zu fleddern. Das ist die unermessliche Möglichkeit der Literatur und insbesondere des Erzählens, wenn Erzählen nicht nur unterhalten will. […]

Sie haben das regellose Herumspringen erwähnt. Das stimmt in gewissem Sinne, weil ich mich nicht an die vorgegebenen Regeln halte; denn diese Regeln bilden ein Korsett und sind ihrerseits begleitet von Willkür. Wir haben in der Historiker-Debatte die wiederholten Anläufe erlebt, etwas, was virulent ist, was selbst noch meine Enkelkinder, die absolut unschuldig sind an den Naziverbrechen, dennoch einholen und begleiten wird, einfach abzustreifen. Man möchte das abbuchen, will es loswerden. Aber diese Art „Geschichte" als ständiger Prozeß der Liquidierung von Gegenwart stößt auf meinen erzählerischen Widerstand. Ich schreibe, so erklärte ich es meinen Kindern, „gegen die verstreichende Zeit".

Vom Abenteuer der Aufklärung. Werkstattgespräche.
Göttingen: Steidl 1999, S. 166 ff.

1 Gemeint sind *Das Tagebuch einer Schnecke*, *Der Butt*, *Kopfgeburten* und *Ein weites Feld*.

Zusatzmaterialien

Günter Grass im SPIEGEL-Gespräch

[...]

SPIEGEL: Sie haben vor einigen Wochen in Kaliningrad, dem ehemaligen Königsberg, aus Ihrer Novelle *Im Krebsgang* gelesen, in der vom Untergang der mit deutschen Flüchtlingen überfüllten „Wilhelm Gustloff" erzählt wird, die Anfang 1945 von einem sowjetischen U-Boot torpediert worden war. Welche Erfahrung haben Sie dort gemacht?

G. G.: Das Publikum war sehr aufmerksam, es gab positive Reaktionen. Aber unter den Zuhörern war auch ein ehemaliger Offizier der Baltischen Flotte, der zum Marinesko-Komitee gehörte, das mit Erfolg bestrebt war, dort ein Denkmal für Marinesko zu errichten ...

SPIEGEL: ... der 1945 das U-Boot kommandiert hatte.

G. G.: Ich habe den Standpunkt vertreten, dass die Versenkung der „Gustloff" kein Kriegsverbrechen war, denn das Schiff hatte eine gemischte Belegung, es waren U-Boot-Rekruten an Bord und Marinehelferinnen, es gab Flakgeschütze und einen kriegsgrauen Anstrich. Aber sie war auch keine Heldentat – das ist die Verteidigung von Leningrad gewesen. Ich habe keinen Anlass gesehen, mir dieses Denkmal anzuschauen. Ich bin überhaupt gegen Denkmäler dieser Art, auch gegen das in London für Arthur Harris, der die britischen Bomberpiloten befehligte.

SPIEGEL: Wann haben Sie das erste Mal von der „Gustloff"-Katastrophe gehört?

G. G.: Ich kann es nicht genau datieren. Ich hatte seit Ende 1944 keine Nachrichten mehr von meinen Eltern, bin im April 1945 verwundet worden und habe die Kapitulation im Lazarett erlebt, in Marienbad. Erst im Herbst 1946 – damals habe ich in einem Bergwerk gearbeitet – erfuhr ich wieder etwas von meinen Eltern. Bis dahin fürchtete ich, sie könnten auf dem Schiff gewesen sein. Der Untergang selbst hatte sich trotz des offiziellen Schweigens herumgesprochen, noch während des Krieges.

SPIEGEL: Vor drei Jahren haben Sie in Hinblick auf Vertreibung und Bombenkrieg, vor allem aber auf die deutschen Verbrechen formuliert: „Ein Unrecht verdrängte das andere." Wurde zu wenig über die Leiden der deutschen Bevölkerung im Zweiten Weltkrieg gesprochen?

G. G.: Das ist ja nicht miteinander zu vergleichen. Es gab berechtigte Gründe dafür, dass sich meine Generation, auch ältere Schriftsteller, zunächst einmal mit viel Gewicht den von Deutschen begangenen Verbrechen zugewandt haben. Bei mir hat das allerdings nie zu einem Wegschauen geführt – von der *Blechtrommel* an. Das war ja einer der Gründe dafür, dass mein Buch im Ostblock nicht erscheinen konnte, nicht einmal in der DDR: Die Besetzung Danzigs durch die Rote Armee wird beschrieben und die Abschiebung der Deutschen aus der Stadt. Aber das Hauptgewicht des Romans lag woanders. Dass man erst jetzt wieder auf diese Themen zurückkommt, hat auch Vorteile. Nachdem endlich die Oder-Neiße-Grenze anerkannt war, auch nach dem Zusammenbruch der Sowjetunion, ist man in Polen bereit, über all das offener zu sprechen.

SPIEGEL: Sind Sie deswegen auch gegen ein Vertriebenen-Mahnmal in Berlin?

G. G.: Ich bin sehr dafür, dass man das, was das 20. Jahrhundert mit sich gebracht hat, diese schrecklichen, barbarischen Vertreibungen, dokumentiert. Aber das ist eine europäische, keine nur deutsche Aufgabe. Die Vertriebenenverbände haben sich gewiss gewandelt in den Jahren, aber ich möchte ihnen so etwas nicht überlassen. Das würde, ob Sie wollen oder nicht, wieder zu einer Nabelschau führen. Deshalb sollten auch die Polen, die Tschechen, die Griechen, die Türken und Armenier daran beteiligt sein. Damit fing alles an: Die Vernichtung der Armenier ist ein Desaster ohnegleichen gewesen. Die nächsten Schritte waren in den zwanziger Jahren die Vertreibung der Griechen aus Kleinasien und umgekehrt der Türken aus Griechenland. Das waren alles Zwangsumsiedlungen mit ungezählten Toten.

SPIEGEL: Was wäre der ideale Standort für eine solche Gedenkstätte?

G. G.: Jedenfalls nicht Berlin – dann kommt es am Ende wieder zu falschen Vergleichen: Hier das Holocaust-, dort das Vertriebenendenkmal. Der polnische Vorschlag Breslau ist eine Möglichkeit. Mir wäre lieber: Frankfurt an der Oder oder Görlitz – dort, wo die Grenze ist, am historischen Ort.

[...]

„Siegen macht dumm." In: DER SPIEGEL 35/2003

Zusatzmaterialien

Herbert Hupka[1]

Das Recht sich zu erinnern

[...] Zum Erinnern gehört auch das Vergessen, weil man sich nicht mehr erinnern kann. Aber es gibt auch das absichtsvolle Vergessen, weil man nicht mehr heraufbeschwören mag, was geschehen ist. Es gehört zur ganz persönlichen Entscheidung, wie man sich gegenüber der Vergangenheit verhält. Aber niemand darf mir vorschreiben, ob ich mich erinnern darf oder zu vergessen habe. Und dies gilt nicht nur für das Erinnern oder Vergessen im Individuellen des Alltags, sondern auch für die größere Gemeinschaft von Familie, Volksstamm und Volk.

Um in die gegenwärtige Auseinandersetzung wegen des geplanten „Zentrums gegen Vertreibung" einzuführen: Es ist nur zu gut zu verstehen, dass man sich in Polen an die Aggression vom 1. September 1939 erinnert, an die grausamen Folgen einschließlich der Auflösung und Zerschlagung des eigenen Staates Polen. Was geschehen ist, kann, darf niemand in Frage stellen. Wir haben diese Erinnerung zu verstehen, ja wir haben gar keinen Grund ihr zu widersprechen. Aber es gibt auch das Jahr 1945 mit all seinen Folgen und Grausamkeiten. Das betrifft jetzt uns Deutsche. Nicht anders als die Entfesselung des Zweiten Weltkrieges geschichtsnotorisch[2] ist, muss Gleiches von der Vertreibung der Deutschen behauptet werden, auch die Vertreibung ist geschichtsnotorisch. Jetzt aber soll nur richtig sein, dass sich zwar die einen erinnern, die anderen aber schweigen? Wir sollten uns hüten gegenseitig vorzuschreiben, woran immer wieder gedacht werden darf und muss und was zu vergessen ist.

Unsere Nachbarn, die Polen und Tschechen, haben mit Genugtuung zur Kenntnis genommen, dass wir Deutsche uns der nationalsozialistischen Diktatur unter Hitler gestellt haben und stellen, wofür der Begriff „Bewältigung der Vergangenheit" in Umlauf gekommen ist. Die Deutschen als die Täter, so lautete die Folgerung. Dass wir Deutsche aber auch Opfer waren, soll nicht zur Kenntnis genommen werden, soll zum Vergessen kommandierte Vergangenheit sein.

Sogar die beiden Präsidenten der Bundesrepublik Deutschland und der Republik Polen bemühen sich das Faktum der Vertreibung der Deutschen zwar nicht gleich ganz zu vergessen und zu verleugnen, aber nicht als ein grausames Geschehen, das die Deutschen zu erleiden hatten, zur Kenntnis nehmen zu wollen, sondern als ein europäisches, wie es derartige Grausamkeiten viele in der europäischen Geschichte gegeben hat. [...]

In der Erklärung der beiden Präsidenten vom 29. 10. 2003 in Danzig heißt es: „Es ist unsere gemeinsame Verpflichtung, dafür zu sorgen, dass Erinnerung und Trauer nicht missbraucht werden." Schweigen soll das Gebot der Stunde sein, denn auf diese Weise ist jeglicher Missbrauch von Trauer und Erinnerung abgewehrt. Der Vorschlag, der unterbreitet wird, lautet: „Wir rufen dazu auf, einen solchen aufrichtigen europäischen Dialog über diese wichtige Frage (der Vertreibung der Deutschen), die unsere gemeinsame Zukunft betrifft, zu führen."

Was bedeutet dieses Ausweichen auf das Stichwort „europäisch"? Die Vertreibung der Deutschen ist nicht europäisch geschehen, sondern national, darum muss es im Klartext heißen, dass die Deutschen von ihren Nachbarn, Polen und Tschechen, planmäßig und nicht nur unter Zustimmung der Siegermächte vertrieben worden sind. Aufarbeitung der Geschichte nennt man das. Es sollen und dürfen nicht Nationalismen aufgeputscht werden, aber es muss deutlich gefragt werden, warum empfiehlt man Schweigen und operiert mit Verdächtigungen, dass die Deutschen deswegen die Bösen seien, weil wir über das uns widerfahrene Leid reden und dies auch im „Zentrum gegen Vertreibung" dokumentieren wollen.

Die von den beiden Staatspräsidenten empfohlene „europäische Bestandsaufnahme" ist ein Ausweichmanöver gegenüber der geschichtlichen Wahrheit, auf die wir Deutschen einen Anspruch haben.

Sudetendeutsche Zeitung v. 20. 2. 2004

1 Herbert Hupka, geb. 1915, saß seit 1961 für die SPD im Bundestag, wechselte wegen der so genannten Ostverträge 1972 zur CDU und stimmte als einer von wenigen CDU-Abgeordneten gegen das mit großer Mehrheit vom Deutschen Bundestag verabschiedete Vertragswerk. Von 1968 bis 2000 war er Vorsitzender der „Landsmannschaft der Schlesier".

2 notorisch: bekannt, offenkundig; berüchtigt

1 Warum tritt Herbert Hupka so vehement für ein Vertriebenen-Denkmal ein und warum wehrt er sich gegen eine Europäisierung der Vertriebenen-Frage? Im Schlusssatz spricht er von der „geschichtlichen Wahrheit, auf die wir Deutschen einen Anspruch" hätten. Stellen Sie aufgrund des Artikels dar, was er darunter versteht.

2 Auch Günter Grass errichtet den vertriebenen Deutschen mit seiner Novelle eine Art Denkmal. Vergleichen Sie seine „geschichtliche Wahrheit" mit der H. Hupkas: Wo gibt es Berührungspunkte, wo deutliche Unterschiede?

Zusatzmaterialien

Wolfgang Benz

Zwischen Antisemitismus und Philosemitismus
Juden in Deutschland nach 1945

Ein Drittel der 82 Millionen Bürger der Bundesrepublik Deutschland weiß nicht, wie viele Juden in Deutschland leben, ein weiteres Drittel vermutet ihre Zahl in der Größenordnung von Millionen, lediglich drei Prozent nennen 50000 bis 100000 und kommen damit der Wahrheit (zwischen 70000 und 80000) nahe. Angesichts der Beachtung, die Juden im öffentlichen Leben haben, ist diese Ignoranz erstaunlich. Die Minderheit – ein Promille der Bevölkerung bekennt sich zum Judentum – lebt zwischen Antisemitismus und Philosemitismus in einem Spannungsfeld von Abneigung und Zuwendung, das in Staatshandlungen und öffentlichen Ritualen, wie am 9. November, dem Gedenken an die Novemberpogrome von 1938, und am 27. Januar, dem Tag der Befreiung von Auschwitz, sichtbar wird, ebenso in der Inanspruchnahme jüdischer Prominenz zur Kommentierung von Ereignissen und Vorfällen des politischen Alltags und für die Gedenkkultur. Drei Männer verschiedener Herkunft und Generation sind als Juden im öffentlichen Geistesleben der Republik als Selbstdarsteller präsent: der kürzlich verstorbene Soziologe Adolph Silbermann, der Literaturkritiker Marcel Reich-Ranicki und der Politiker Michel Friedmann. [...]

Die jüdische Minderheit hat Konjunktur als Objekt der Literatur und sonstiger Sparten öffentlicher Kultur. Klezmer-Musik und jiddische Lieder sind von der nichtjüdischen Mehrheit zu Markenzeichen inflationären Folklorekonsums erhoben worden. Jüdische Kochbücher gehören ebenso dazu wie die Beschwörung untergegangenen jüdischen Lebens in Odessa und Czernowitz, in Prag und Krakau durch einen Kulturtourismus, der längst zum Trend geworden ist. Die Rekonstruktion zerstörter Synagogen ist vielen Gemeinden ein Anliegen; das Jüdische Museum in Berlin, eine Institution, die sich seit Jahren in Gründung und Aufbau befindet, genießt öffentliche Aufmerksamkeit und Anteilnahme wie kein vergleichbares Projekt. [...]

Der andere Pol des Spannungsfelds, der beflissener Zuwendung und Aneignung gegenüberliegende Pol der Abneigung, des alltäglichen Antisemitismus, ist einfacher zu beschreiben als die Attitüde des Philosemitismus: Meinungsforscher diagnostizieren langfristig einen eher abnehmenden Trend antisemitischer Injurien in Deutschland. Betroffene beklagen dagegen die zunehmende Direktheit des gegen sie gerichteten antijüdischen Affekts und die Rohheit der Unbelehrten steht im Gegensatz zur Gelassenheit des Publikums angesichts regelmäßig berichteter anonymer Gewalttaten gegen jüdische Friedhöfe, gegen religiöse Einrichtungen, gegen Gedenkstätten und Grabmale.

Offene Judenfeindschaft zu zeigen ist in Deutschland ebenso verpönt wie das Leugnen des Völkermords. Das zwingt die einen zur Zurückhaltung und ermuntert die anderen aus sicherem Dunkel zu agieren. Der Verfassungsschutz registriert die zunehmenden Propagandadelikte neben den Gewalttaten gegen Ausländer, kann judenfeindliche Einstellungen unterhalb der strafrechtlichen Relevanz aber nicht erfassen. Latente Judenfeindschaft bestimmt aber stärker als die Zahl einzelner Propaganda-Aktionen oder rechtsextremistische Ideologie das Klima im Land.

[...] Antisemitismus darf in der Bundesrepublik nicht öffentlich artikuliert werden, das gehört zu den Gesetzen der politischen Kultur in Deutschland nach Auschwitz. Wer dieses Tabu bricht, verliert Amt und Ansehen, jedenfalls unmittelbar nach dem jeweiligen Vorkommnis. Ohne Sanktionen bleibt es jedoch in der Regel, wenn antisemitische oder fremdenfeindliche Vorurteile in weniger spektakulärem Rahmen, vor kleinerer Öffentlichkeit oder im Umfeld von Vereinen, am Stammtisch, beim alltäglichen sozialen Kontakt, artikuliert werden.

[...]

Katja Behrens (Hrsg.): Ich bin geblieben – warum?
Gerlingen: Bleicher 2002, S. 7–14

Imre Kertész

Antisemitismus nach Auschwitz

Wissen Sie, vor Auschwitz war der Antisemitismus ja sozusagen ein „unschuldiger" Antisemitismus. Dieser unschuldige Antisemitismus führte zu Auschwitz – 2000 Jahre lang wurde das Bild vom „hässlichen Juden" in der europäischen Kultur geprägt. Antisemitismus nach Auschwitz hat eine andere Qualität: Dies sind potenzielle Mörder. Wer heute Antisemit ist, über Auschwitz Bescheid weiß und öffentlich und politisch Antisemitismus verbreitet, der muss wissen, wohin das führt. Das führt übrigens nicht nur zur Ausrottung der Juden, sondern auch zur „Selbst"-Ausrottung, zur Selbstzerstörung in einer Wertordnung des Hasses.

Frankfurter Rundschau v. 30. 3. 2004

Zusatzmaterialien

Joachim Güntner

Opfer und Tabu. Günter Grass und das Denken im Trend

[...] die Diskussion über das Buch von Günter Grass belehrt uns darüber, dass zur deutschen „Normalisierung" ein weiteres Element gehört: der Eintritt in die internationale Opferkultur.

Der Opfer muss gedacht werden – diese Maxime[1] ist heute fester Bestandteil des westlichen moralischen Selbstverständnisses. Sie beherrscht das Zivil- und Strafrecht und die Geschichtspolitik gleichermaßen. Dass auch der deutschen Opfer gedacht werden müsse, das war einmal eine Forderung mit revisionistischem[2] Beiklang. Jetzt bildet sie das unverdächtige Leitmotiv der Grass'schen Novelle. Als „bodenlos" rügt das Alter Ego des Autors im Buch das Versäumnis, den Toten der „Gustloff" kein literarisches Denkmal gesetzt zu haben. Dabei geht es nicht um eine spezifische, etwa durch ethnische Zugehörigkeit bestimmte Opfergruppe. Was zählt, ist das Individuum und sein Leiden.

Es zählt moralisch – und literarisch. Anders als die Politik, die sich an Kollektive wendet, zwangsläufig Opferklassen schafft und peinliche Opferhierarchien kaum vermeiden kann, darf und muss die Kunst ganz beim Individuum verharren. Sie kann die Grautöne malen, kennt nicht nur unschuldige Opfer und schuldige Täter, sondern kann die Verstrickungen einer Figur nachzeichnen, sie hier in ihrem verwerflichen Handeln, dort in ihrem wehrlosen, Empathie[3] erweckenden Leiden zeigen. Dass Grass eine solche epische Ausmalung explizit[4] verschmäht und stattdessen eine von politischen Erwägungen überformte, wie Sekundärliteratur anmutende Recherche bietet, wirft die Frage auf, ob er überhaupt geleistet hat, was zu leisten war: das „bodenlose Versäumnis" zu tilgen. Eines indessen lässt sich bereits für seinen Versuch feststellen: Da, wo Grass dem Tabubruch am nächsten scheint, in seiner Viktimisierung[5] von Angehörigen des Dritten Reiches, folgt er in Wahrheit dem großen westlichen Konsens über die Wahrung der Würde von Opfern. Es ist ein Denken im Trend. [...]

Aber darf das wirklich sein, dass ein künftiges Gedenken die Toten des Holocaust mit den Toten der „Wilhelm Gustloff" unter einem Opfer-Paradigma[6] vereint? Dass ihre Schicksale, um mit Michael Jeismann zu reden, phänotypisch[7] gleichgesetzt werden um dann beispielsweise unter dem Oberbegriff „Ethno-Nationalismus" oder „Fremdenhass" zusammengefasst zu werden? Jeismann hält das für eine ebenso mögliche wie begrüßenswerte Folge der Historisierung und auch Aleida Assmann fände es legitim: „Sobald es nicht mehr um die Konkurrenz von Ansprüchen geht", schreibt sie und nennt damit einmal mehr die wesentliche Voraussetzung, „und die Praxis gegenseitiger Verdrängung in einem erweiterten kulturellen Gedächtnis überwunden ist, könnte es auch zu einer öffentlichen Anerkennung anderer Formen von Traumatisierung kommen, die neben dem Holocaust mit dem Zweiten Weltkrieg verbunden sind, wie die Bombardierung deutscher Städte oder die Erfahrung der Vertreibung im Osten Europas." Dies bedeute „in keiner Weise, die Traumatisierungen der Holocaustopfer zu relativieren".

Noch ist diese Sicht der Dinge kein Gemeingut, erst recht keine Praxis des Gedenkens. Vermutlich nicht einmal bei Günter Grass. Seinen Kommentar zur deutschen Einheit – „Wer über Deutschland nachdenkt, muss Auschwitz mitdenken." – hat er nicht zurückgenommen, hingegen fragt sich, ob er diesem Satz den folgenden gleichberechtigt zur Seite stellen würde: „Wer über Deutschland nachdenkt, muss die Tragödie der ‚Wilhelm Gustloff' mitdenken." Seltsam berührt, was Grass in seiner Novelle treibt. Dass er als Autor in seinem Werk die Schiffskatastrophe vom 30. Januar 1945 nicht früher durchgearbeitet und so das über ihrer Erwähnung liegende Tabu gebrochen habe, habe den Rechtsradikalismus gefördert, behauptet Grass allen Ernstes.

Und dann spielt er eben diese These pädagogisch an seinen Hauptfiguren durch: Konny, der Sohn des Erzählers Paul Pokriefke, begeht einen neonazistisch motivierten Mord, den der Vater letztlich deswegen nicht verhindert hat, weil er es zuvor versäumt hatte, Redefreiheit für Konny einzufordern, als dieser ein Referat über die „positiven Aspekte der NS-Gemeinschaft ‚Kraft durch Freude'" an der Schule nicht halten durfte. So wird der Vater schuldig: „Nichts spricht uns frei." (S. 184) Und in dem Maße, wie Paul durch Schweigen schuldig wird, wird Konny zum Opfer. Seine Schüsse sind die Folge. Welch seltsame Viktimisierung eines Täters. Ob auch sie zum Denken der neuen westlichen Opferkultur gehört? Das lässt von der Einfühlung in Opfer nicht nur Gutes erwarten.

Neue Zürcher Zeitung v. 23. 2. 2002

1 Maxime: allgemeiner Grundsatz
2 revisionistisch: bestrebt sein einen bestehenden (völkerrechtlichen) Zustand oder ein (politisches) Programm zu ändern
3 Empathie: die Fähigkeit, sich in andere hineinzuversetzen; Mitgefühl
4 explizit: ausdrücklich
5 viktimisieren: zu Opfern machen
6 Paradigma: Beispiel, Muster
7 phänotypisch: vom (äußeren) Erscheinungsbild her gesehen

Klausurthemen und textproduktive Aufgaben

Vorschlag 1
Analysieren Sie das Kapitel 5 in Günter Grass' Novelle *Im Krebsgang* (S. 99 – 122):
1 Fassen Sie den Inhalt des Kapitels zusammen und versuchen Sie zu erklären, warum G. Grass so ausführlich über das Flüchtlingselend und die Flüchtlinge auf der „Wilhelm Gustloff" schreibt.
2 Beschreiben Sie den Aufbau des Kapitels und die Wirkung, die die Erzählstruktur auf die Leserinnen und Leser hat.
3 Der Erzählvorgang wird Teil der Geschichte, die erzählt wird. Erläutern Sie das mit Hilfe der einleitenden Absätze des fünften Kapitels (und evtl. weiterer Textstellen aus der Novelle).

Vorschlag 2
Analysieren Sie die Einleitung der Novelle (S. 7–9, Z. 5):
1 Was erfahren die Leserinnen und Leser hier über den Erzähler?
2 Welche Erzählanstöße werden in den einleitenden Abschnitten erwähnt?
3 Was ist gemeint, wenn vom Erzählen „nach „Art der Krebse" (S. 8) die Rede ist? Erläutern Sie die „krebsige" Erzählweise an einigen Beispielen und legen Sie dar, welche Funktion sie in der Novelle hat.

Vorschlag 3
Charakterisieren Sie Paul Pokriefke:
1 Welches Bild zeichnet er von sich selbst?
2 Wie sehen ihn Tulla und Konny?

Vorschlag 4
Tulla hat das Ende des Krieges und die Zeit nach 1945 in Ostdeutschland miterlebt.
Charakterisieren Sie die Zeitzeugin Tulla. Zeigen Sie dabei, was ihre Lebenseinstellung prägt und welche Rolle Sohn Paul und Enkel Konny in ihrem Leben spielen.

Vorschlag 5
In Kapitel 3 (S. 68 f.) spricht der Erzähler von „Menschen, die immer nur auf einen Punkt starren".
1 Charakterisieren Sie einige der hier genannten Figuren.
2 Welche Einstellung zeigt der Erzähler ihnen gegenüber? Setzen Sie sich mit seiner Wertung auseinander.

Vorschlag 6
Mit seiner Novelle *Im Krebsgang* leistet Günter Grass einen Beitrag zur Debatte um die deutsche Vergangenheit, auf die sich auch der Artikel *Das Recht sich zu erinnern* von Herbert Hupka bezieht.
1 Fassen Sie die Aussagen Herbert Hupkas über den Umgang der Deutschen mit ihrer Vergangenheit zusammen. Was versteht der Verfasser unter der „geschichtlichen Wahrheit"?
2 Vergleichen Sie die Darstellung und Aufarbeitung der Geschichte in der Novelle *Im Krebsgang* mit der von Herbert Hupka vertretenen Position. Will Günter Grass den vertrieben Deutschen ein literarisches Denkmal errichten?

Vorschlag 7
Stellen Sie sich vor, Sie sind Gerichtsreporterin oder Gerichtsreporter und haben die Aufgabe über den Prozess gegen Konny für eine seriöse überregionale Tageszeitung bzw. für ein Boulevardblatt zu berichten.
Schreiben Sie den Artikel bzw. die Reportage.

Vorschlag 8
Stellen Sie sich vor, Sie sind Journalistin oder Journalist einer überregionalen seriösen Tages- oder Wochenzeitung bzw. einer Boulevardzeitung und besuchen Konny im Gefängnis. In einem Interview befragen Sie ihn nach den Motiven und der Vorgeschichte seiner Tat.
Schreiben Sie das Interview.

Vorschlag 9
Konny verfasst im Gefängnis – z. B. für seine Richterin oder seinen Richter – einen Bericht über sein Leben. Er geht darin auch auf Wolfgang Stremplin und Tulla und das Verhältnis zu seinen Eltern Gabi und Paul Pokriefke ein.
Schreiben Sie den Bericht.

Vorschlag 10
Konny schreibt aus dem Gefängnis einen Brief an seinen Vater, in dem er mit ihm „abrechnet".
Verfassen Sie diesen Text.

Vorschlag 11
Nach seinem Vortrag in Schwerin vor den „Glatzen" hält Konny seine Eindrücke von der Veranstaltung in seinem Tagebuch fest.
Schreiben Sie den Text.

Quellenverzeichnis und Literaturhinweise

Quellenverzeichnis

In den meisten Fällen sind die Quellenangaben den jeweiligen Texten und Abbildungen direkt zugeordnet.
Hier einige Zusatzinformationen:

S. 4: „1945 – Januar“ aus: Chronik des 20. Jahrhunderts. Braunschweig: Westermann 1982, S. 646

S. 24: beide Wortrecherchen aus: Fundsachen für Grass-Leser. Göttingen: Steidl 2002; „Tulla“: 29.12. 1961, 1 Bl. hs. Filzstift, grün. 29,5 x 21cm; „Hundejahre“: 7.2. 1962, 1 Bl. hs. Filzstift, blau. 29,5 x 21cm

S. 34: Foto aus: Hans-Gerd Jaschke u.a.: Nach Hitler. Radikale Rechte rüsten auf. München: Bertelsmann [2]2001, S. 67. Quellenangabe dort: BStU (MfS BV Halle, Abt. XX 456)

S. 40: Gedicht *Tour de France* aus: G.G.: Gedichte und Kurzprosa. Göttingen: Steidl 1997, S. 168

Leider ist es uns nicht gelungen, die Rechteinhaber aller Texte und Abbildungen zu ermitteln bzw. mit ihnen in Kontakt zu kommen.
Berechtigte Ansprüche werden selbstverständlich im Rahmen der üblichen Vereinbarungen abgegolten.

Literaturhinweise

Grass, Günter: Im Krebsgang. Göttingen: Steidl 2003
Grass, Günter: Im Krebsgang. München: dtv 2004

Grass, Günter/Zimmermann, Harro: Vom Abenteuer der Aufklärung. Werkstattgespräche. Göttingen: Steidl 1999
Grass, Günter: Essays und Reden. Bde. I, II, III. Göttingen: Steidl 2003
Grass, Günter: Fünf Jahrzehnte. Ein Werkstattbericht. Hrsg. v. G. Fritze Margull. Göttingen: Steidl 2001

Angenendt, Thomas: „Wenn Wörter Schatten werfen“. Untersuchungen zum Prosastil von Günter Grass. Frankfurt a. M. [u.a.]: Lang 1995
Brandes, Ute: Günter Grass. Berlin: Edition Colloquium im Wissenschaftsverlag Volker Spiess 1998
Brode, Hanspeter: Günter Grass. Edition text + kritik. München: Beck [7]1997
„Folklore und erfundene Volkstänze“. Ein Gespräch mit dem Nobelpreisträger Günter Grass und den Historikern Michael Jeismann und Karl Schlögel über die Mythen der deutschen Vertreibung und die Literatur als Vorreiterin der Geschichtsschreibung. In: Literaturen 5/2002, S. 21–29
Hesse, Matthias/Krommer, Axel: Vergangenheitsbewältigung „im Krebsgang“. Das Spiel mit der Fiktionalität als didaktische Strategie bei Günter Grass. In: Praxis Deutsch 180, S. 41–46
Jürgs, Michael: Bürger Grass. Biografie eines deutschen Dichters. München: Bertelsmann 2002
Mayer-Iswandy, Claudia: Günter Grass. München: dtv 2002
Neuhaus, Volker: Günter Grass. Stuttgart: Metzler 1993
Neuhaus, Volker: Schreiben gegen die verstreichende Zeit. Zu Leben und Werk von Günter Grass. München: dtv 1997
Nickel-Bacon, Irmgard: Vom Spiel der Fiktionen mit Realitäten. In: Praxis Deutsch 180, S. 4–12
Reich-Ranicki, Marcel: Günter Grass. Aufsätze. Frankfurt a. M.: Fischer 1994
Stolz, Dieter: Günter Grass zur Einführung. Hamburg: Junius 1999
Vormweg, Heinrich: Günter Grass. Reinbek: Rowohlt 2002

Grube, Frank/Richter, Gerhard: Flucht und Vertreibung. Deutschland zwischen 1944 und 1947. Hamburg: Hoffmann und Campe 1980
Hage, Volker: „Das tausendmalige Sterben“. In: DER SPIEGEL. Nr. 6 v. 4. 2. 2002., S. 184 ff.
Höges, Clemens u. a.: Die verdrängte Tragödie. In: DER SPIEGEL Nr. 6 v. 4. 2. 2002., S. 192 ff.
Knopp, Guido: Der Untergang der „Gustloff“. München: Econ Ullstein List 2002
Knopp, Guido: Die große Flucht. Das Schicksal der Vertriebenen. München: Econ Ullstein List 2001
Reinoß, Herbert (Hrsg.): Letzte Tage in Ostpreußen. Erinnerungen an Flucht und Vertreibung. München: Langen Müller 1983
Schön, Heinz: Flucht über die Ostsee. 1944/45 im Bild. Ein Foto-Report über das größte Rettungswerk der Seegeschichte. Stuttgart: Motorbuch 1985

Audio CD

Grass, Günter: Im Krebsgang. Vollständige Lesung. 9 CDs. Der Hörverlag 2002
„Wilhelm Gustloff“. Vom Flaggschiff zum eisernen Sarg. Feature. Regie: Detleff Michelers. Sprecher: Uwe Friedrichsen/Brigitte Röttgers/Günter Grass. Der Audio Verlag 2002